신나라

부경 한국어

채영희 지음

01

English

신나라

부경 한국어

여는글

부경대학교 언어교육원이 한국어 교육을 시작한 지 올해가 10년이 되는 해입니다. 대마도 고등학교 학생들이 부경대학교에 입학하면서 한국어 교육을 시작하게 된 그날의 기억이 새롭습니다. 집안에 가보로 간직한 한국어 문서를 자기 목소리로 읽고 싶다고 하시던 일본 할아버지도 기억납니다. 그분들의 새로운 언어를 배우고자 하던 열정이 한국어를 더 많이 가르쳐 드리고 싶다는 열정에 뒤질까 노심초사 하던 시간들이 오늘까지 이어지고 있습니다.

한국의 위상이 높아짐에 따라 한국어를 배우고자 하는 열기는 이제 아시아를 넘어 세계로 향하고 있습니다. 한국어를 가르치는 일을 하면서 항상 느끼는 것은 한글에 대한 자부심입니다. 온 세계에 가장 자랑하고 싶은 한글을 세계인에게 알리는 최전선에 있다는 사실이 우리 한국어 선생님들의 자랑입니다. 한글 창제의 과학적 원리와 아름다운 조형성을 생각하면 한글을 창제하신 세종대왕의 백성 사랑하신 마음이 전해져 옵니다. 또한 어려운 시절 우리말과 글, 그리고 얼을 목숨을 다해 지켜내신 선각자 여러분들의 애틋한 마음도 함께 합니다.

지금 부경대학교에는 50여 나라에서 온, 천여 명의 유학생이 자신의 미래를 위한 준비를 열심히 하고 있습니다. 이들에게 도움을 주고자 초급 부경 한국어는 현재 14개국의 언어로 만들었습니다. 초급의 경우는 모국어의 도움이 필요하다고 생각되어 한국어와 각 나라의 언어로 만들었습니다. 이 과정에서 많은 유학생과 한국어 선생님들의 도움이 있었습니다. 도움을 주신 분들께 깊이 감사드립니다.

각 과는 준비단계에 그림을 통해 어휘를 쉽게 익히도록 배려하였으며, 역할극을 통해 언어기능에 중점을 둔 학습활동을 하도록 하였습니다, 그리고 각 과의 목표문법을 익힌 다음 확인 학습을 통해 배운 내용을 완전히 익히도록 하였습니다. 덤으로 문화에 대한 내용을 덧붙여 한국에 대한 흥미를 지니도록 구성하였습니다.

이 책이 세상에 나오도록 정성을 다해 도와준 분들이 많이 있습니다. 표지를 멋지게 디자인해 주신 디자인학과의 홍동식 교수님, 부드러운 목소리로 한국어의 아름다움을 세상에 알리는데 기꺼운 마음으로 도와주신 선호제님과 김새해님, 따뜻한 그림으로 책을 멋지게 만들어 주신 하늘기획 여러분, 그리고 책을 출판할 수 있도록 재정적 지원을 해주신 부경대학교 교육역량 사업단과 이 번거로운 일을 마다하지 않고 도와준 홍보협력과 여러분과 편집위원 여러분께 깊은 감사를 드립니다.

부경대학교 한국어 책임교수 _ 채 영 희

일러두기

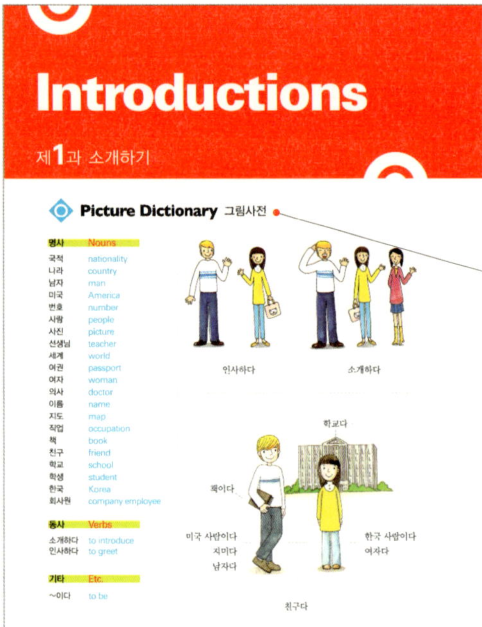

Introductions

제1과 소개하기

Picture Dictionary 그림사전

명사	Nouns
국적	nationality
나라	country
남자	man
미국	America
번호	number
사람	people
사진	picture
선생님	teacher
세계	world
여권	passport
여자	woman
의사	doctor
이름	name
지도	map
직업	occupation
책	book
친구	friend
학교	school
학생	student
한국	Korea
회사원	company employee

동사	Verbs
소개하다	to introduce
인사하다	to greet

기타	Etc.
~이다	to be

1 준비단계 : 어휘 익히기

각 과에서 학습해야 할 어휘 목록을
품사 별로 정리한 것이다.
각 단어의 발음은 부경대학교 언어교육원
홈페이지에서 들을 수 있다.

• 각 과의 내용 이해를 돕는 주요
어휘를 그림으로 학습한다.

Dialog 대화

안녕하세요? 제 이름은 지미예요.

유진: 안녕하세요? 저는 유진이에요.
이름이 뭐예요?
지미: 안녕하세요? 제 이름은 지미예요.
유진: 지미 씨는 어디에서 왔어요?
지미: 미국에서 왔어요.
유진: 지금 어디에 살아요?
지미: 기숙사에 살아요.
유진: 만나서 반가워요.
지미: 저도 만나서 반가워요.

어휘 및 표현

저	I	지금	now
이름	name	기숙사	dormitory
뭐(=무엇)	what	안녕하세요?	hello.
~씨	Mr. Mrs. Miss. ~	N에서 왔어요.	came from N
어디	where	N에 살아요.	to live in / at N
미국	America	만나서 반가워요.	Nice to meet you.

2 말하기 : 역할극 하기

특정 상황의 대화를 익히고 응용할 수 있다.
대화내용은 부경대학교 언어교육원 홈페이지
에서 들을 수 있다.

• 대화에 나온 어휘와 표현을 정리하여 학습자
의 이해를 돕는다.

3 목표 문법 제시 : 문법 익히고 활용하기

• 다양한 활동을 통해 문법을 학습한다.

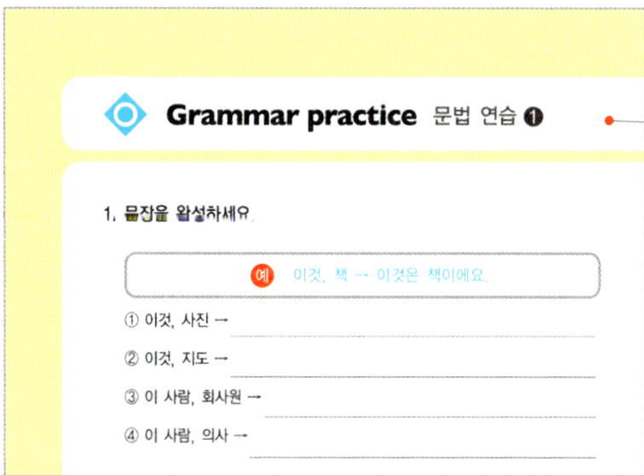

4 확인 학습 : 문법

• 학습 문법을 이용해 다양한 의사소통 활동을 유도한다.

5 확인 학습 : 어휘와 표현

• 학습 어휘를 이용해 주제와 관계 있는 이야기를 구성해 본다.

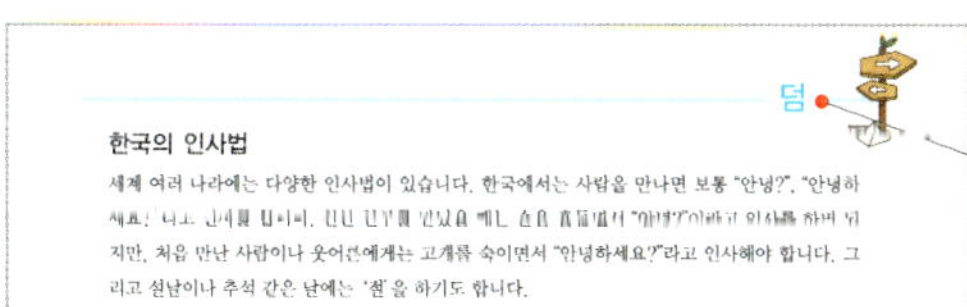

6 문화 알기

• 한국의 문화를 소개하여 학생들에게 한국어에 대한 흥미를 가지도록 한다.

차례

[참고] N, V, A in the explanations of grammars in this book mean Noun, Verb, Adjective.

N : Noun 명사 | V : Verb 동사 | A : Adjective 형용사

한글 Korean Alphabets

1 모음 | Vowels

Korean uses its own alphabet called 'Hangeul'. Hangeul consists of 21 vowels and 19 consonants. The shapes of Hangeul's consonants were formed after the shape of the vocal organs while those of the vowels were formed after Heaven, Earth, and Man.

글자	발음	글자	발음	글자	발음
ㅏ	a [a]	ㅠ	yu [ju]	ㅘ	wa [wa]
ㅑ	ya [ja]	ㅡ	eu [ɨ]	ㅙ	wae [wæ]
ㅓ	eo [ə]	ㅣ	i [i]	ㅚ	oe [ö/we]
ㅕ	yeo [jə]	ㅐ	ae [æ]	ㅝ	wo [wə]
ㅗ	o [o]	ㅒ	yae [jæ]	ㅞ	we [we]
ㅛ	yo [jo]	ㅔ	e [e]	ㅟ	wi [ü/wi]
ㅜ	u [u]	ㅖ	ye [je]	ㅢ	ui [iɨ]

2 자음 | Consonants

글자	이름	발음	글자	이름	발음
ㄱ	기역	g,k [k]	ㅋ	키읔	k [kʰ]
ㄴ	니은	n [n]	ㅌ	티읕	t [tʰ]
ㄷ	디귿	d,t [t]	ㅍ	피읖	p [pʰ]
ㄹ	리을	r,l [r,l]	ㅎ	히읗	h [h]
ㅁ	미음	m [m]	ㄲ	쌍기역	kk [k']
ㅂ	비읍	b,p [p]	ㄸ	쌍디귿	tt [t']
ㅅ	시옷	s [s]	ㅃ	쌍비읍	pp [p']
ㅇ	이응	ng [ŋ]	ㅆ	쌍시옷	ss [s']
ㅈ	지읒	j [ts]	ㅉ	쌍지읒	jj [ts']
ㅊ	치읓	ch [tsʰ]			

* 연습

	ㅏ	ㅓ	ㅗ	ㅜ	ㅡ	ㅣ	ㅐ	ㅔ	ㅚ	ㅟ
ㄱ	가	거	고	구	그	기	개	게	괴	귀
ㄴ	나	너	노	누	느	니	내	네	뇌	뉘
ㄷ	다	더	도	두	드	디	대	데	되	뒤
ㄹ	라	러	로	루	르	리	래	레	뢰	뤼
ㅁ	마	머	모	무	므	미	매	메	뫼	뮈
ㅂ	바	버	보	부	브	비	배	베	뵈	뷔
ㅅ	사	서	소	수	스	시	새	세	쇠	쉬
ㅇ	아	어	오	우	으	이	애	에	외	위
ㅈ	자	저	조	주	즈	지	재	제	죄	쥐
ㅊ	차	처	초	추	츠	치	채	체	최	취
ㅋ	카	커	코	쿠	크	키	캐	케	쾨	퀴
ㅌ	타	터	토	투	트	티	태	테	퇴	튀
ㅍ	파	퍼	포	푸	프	피	패	페	푀	퓌
ㅎ	하	허	호	후	흐	히	해	헤	회	휘
ㄲ	까	꺼	꼬	꾸	끄	끼	깨	께	꾀	뀌
ㄸ	따	떠	또	뚜	뜨	띠	때	떼	뙤	뛰
ㅃ	빠	뻐	뽀	뿌	쁘	삐	빼	뻬	뾔	쀠
ㅆ	싸	써	쏘	쑤	쓰	씨	쌔	쎄	쐬	쒸
ㅉ	짜	쩌	쪼	쭈	쯔	찌	째	쩨	쬐	쮜

3 받침 | Final Consonants

The consonant attached to the bottom of a syllable is called '받침'. All consonants can be used as a '받침' but '받침' is pronounced as the 7 following consonants: ㄱ, ㄴ, ㄷ, ㄹ, ㅁ, ㅂ, ㅇ.

글자	발음	예
ㄱ, ㄲ, ㅋ	k	국, 밖, 부엌
ㄴ	n	산
ㄷ, ㅅ, ㅆ, ㅈ, ㅊ, ㅌ, ㅎ	t	닫다, 옷, 갔다, 낮, 꽃, 밭, 히읗
ㄹ	l	달
ㅁ	m	몸
ㅂ, ㅍ	p	집, 잎
ㅇ	ng	방

4 한국어 글자의 구조 | Korean Syllable Structure

Syllables are composed of a consonant in the initial position, a vowel in the medial position, and a consonant in the final position. However, when there is no consonant sound produced by the initial position, the consonant 'ㅇ' is written. Therefore, '아' is pronounced the same as 'ㅏ'.
The syllable structure of Korean is V_1,C_1V_1, V_1C_1, $C_1V_1C_2$. C and V stand for 'Consonant' and 'Vowel' respectively. Each syllable structure is illustrated below.

1. V1 구조 : 모음만으로 이루어진 글자

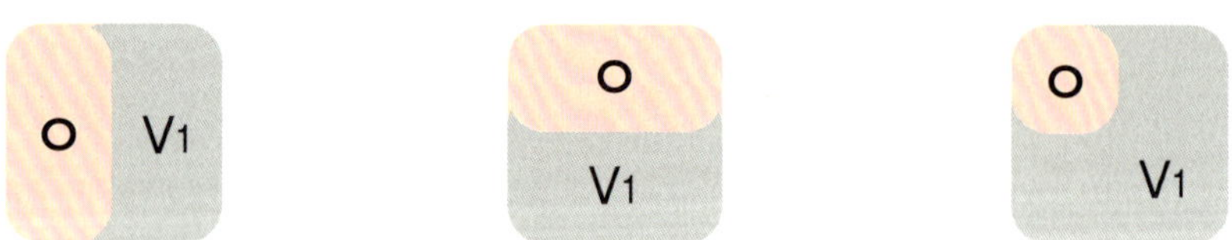

이 오 위

2. V_1C_1 구조

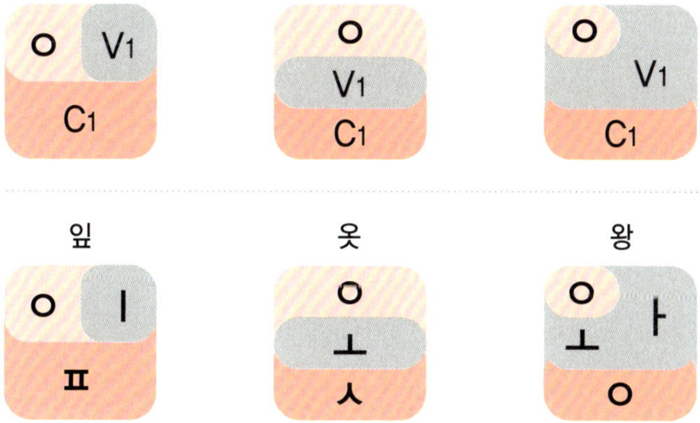

3. C_1V_1 구조

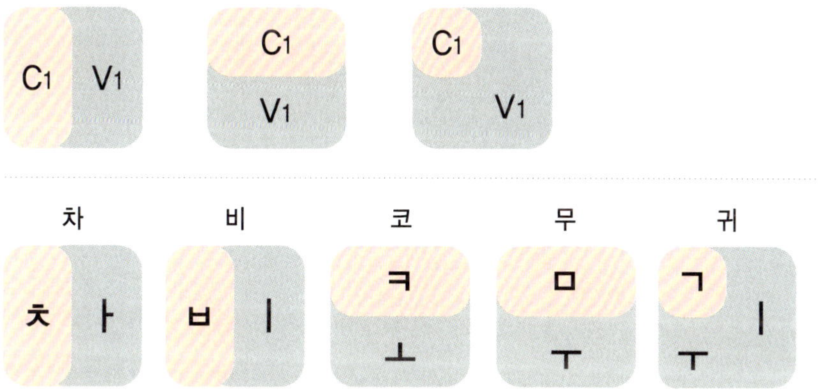

4. $C_1V_1C_2$ 구조

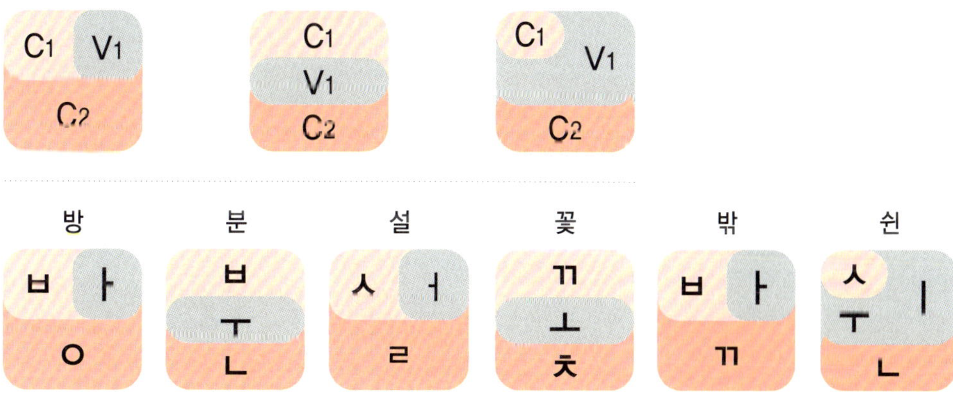

Introductions

제1과 소개하기

Picture Dictionary 그림사전

명사	Nouns
국적	nationality
나라	country
남자	man
미국	America
번호	number
사람	people
사진	picture
선생님	teacher
세계	world
여권	passport
여자	woman
의사	doctor
이름	name
지도	map
직업	occupation
책	book
친구	friend
학교	school
학생	student
한국	Korea
회사원	company employee

동사	Verbs
소개하다	to introduce
인사하다	to greet

기타	Etc.
~이다	to be

인사하다

소개하다

World Map 세계지도

Passport 여권

Occupations 직업

선생님
teacher

학생
student

회사원
company employee

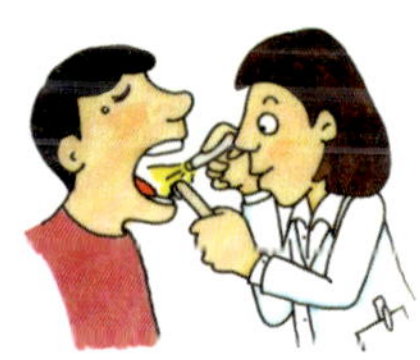

의사
doctor

Dialog 대화

안녕하세요? 제 이름은 지미예요.

유진: 안녕하세요? 저는 유진이에요.
이름이 뭐예요?

지미: 안녕하세요? 제 이름은 지미예요.

유진: 지미 씨는 어디에서 왔어요?

지미: 미국에서 왔어요.

유진: 지금 어디에 살아요?

지미: 기숙사에 살아요.

유진: 만나서 반가워요.

지미: 저도 만나서 반가워요.

어휘 및 표현

저	I	지금	now
이름	name	기숙사	dormitory
뭐(=무엇)	what	안녕하세요?	hello.
~씨	Mr. Mrs. Miss. ~	N에서 왔어요.	came from N
어디	where	N에 살아요.	to live in / at N
미국	America	만나서 반가워요.	Nice to meet you.

덤

한국의 인사법

세계 여러 나라에는 다양한 인사법이 있습니다. 한국에서는 사람을 만나면 보통 "안녕?", "안녕하세요?" 라고 인사를 합니다. 친한 친구를 만났을 때는 손을 흔들면서 "안녕?"이라고 인사를 하면 되지만, 처음 만난 사람이나 웃어른에게는 고개를 숙이면서 "안녕하세요?"라고 인사해야 합니다. 그리고 설날이나 추석 같은 날에는 '절'을 하기도 합니다.

Grammar 문법

1. N이에요/예요

'–이에요/예요' is attached to a noun to make it a declarative statement.
Nouns ending in a consonant(V1C1 or C1V1C2 structure) use '–이에요'.
Nouns ending in a vowel(V1 or C1V1) use '–예요'.

V_1C_1 또는 $C_1V_1C_2$	
약 사람	+ 이에요

V_1 또는 C_1V_1	
우유 남자	+ 예요

예

• 이것은

이것은 책이에요.
This is a book.

• 지미 씨는

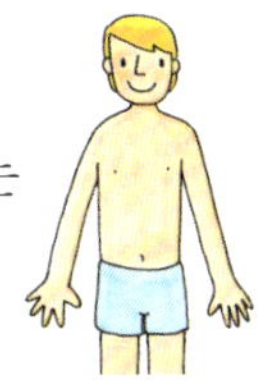

지미 씨는 남자예요.
Jimmy is a man.

2. N이/가 아니에요

'N이/가 아니에요' is the negative form of 'N이에요/예요'.
Nouns ending in a consonant(V1C1 or C1V1C2 structure) use 'N이 아니에요'.
Nouns ending in a vowel(V1 or C1V1) use 'N가 아니에요'.

V_1C_1 또는 $C_1V_1C_2$	
학생 교실	+ 이 아니에요

V_1 또는 C_1V_1	
아이 친구	+ 가 아니에요

예

• 유진 씨는

유진 씨는 선생님이 아니에요.
유진 씨는 학생이에요.

• 여기는

여기는 학교가 아니에요.
여기는 은행이에요.

Grammar practice 문법 연습 ❶

1. 문장을 완성하세요.

예 이것, 책 → 이것은 책이에요.

① 이것, 사진 → ______________________

② 이것, 지도 → ______________________

③ 이 사람, 회사원 → ______________________

④ 이 사람, 의사 → ______________________

2. 문장을 완성하세요.

예 여기, 학교 → 여기는 학교가 아니에요.

① 그것, 책상 → ______________________

② 그것, 의자 → ______________________

③ 그 사람, 학생 → ______________________

④ 그 사람, 친구 → ______________________

3. 대화를 완성하세요.

예

가. 유진 씨는 미국 사람이에요?

나. 아니요, 미국 사람이 아니에요.
한국 사람이에요.

① 가. 지미 씨는 의사예요?
나. 아니요, ______________________
____

② 가. 마이클 씨는 선생님이에요?
나. 아니요, ______________________
____

Vocabulary & Expressions 어휘 & 표현 ❶

1. 【보기】에서 그림에 알맞은 단어를 찾아 쓰세요.

보기 여권, 지도, 책, 은행

①

은행

②

③

④

2. 【보기】에서 알맞은 표현을 골라 쓰세요.

보기 만나서 반가워요, 이름이 뭐예요?, 어디에 살아요?, 어디에서 왔어요?

유진 : 안녕하세요? 저는 유진이에요. ① ____________________

지미 : 안녕하세요? 제 이름은 지미예요.

유진 : 지미 씨는 ② ____________________

지미 : 미국에서 왔어요.

유진 : ③ ____________________

지미 : 기숙시에 살아요.

유진 : ④ ____________________

Various Objects

제2과 여러 가지 사물

Picture Dictionary 그림사전

명사	Nouns
공책	notebook
교실	classroom
교통카드	transportation card
그것	that / the thing
눈	eye
다리	leg
돈	money
머리	head
머리카락	hair
무릎	knee
문	door
방	room
소지품	personal belongings
손	hand
신체	body
열쇠	key
은행카드	bank card
이것	this / this thing
입	mouth
저것	that / that thing
전자사전	electronic dictionary
지갑	wallet
창문	window
책	book
책상	desk
칠판	black·white board
코	nose
팔	arm
팔꿈치	elbow
펜	pen
학생증	student card
화장품	cosmetics
휴대폰	cell phone
휴지	tissue

방

소지품

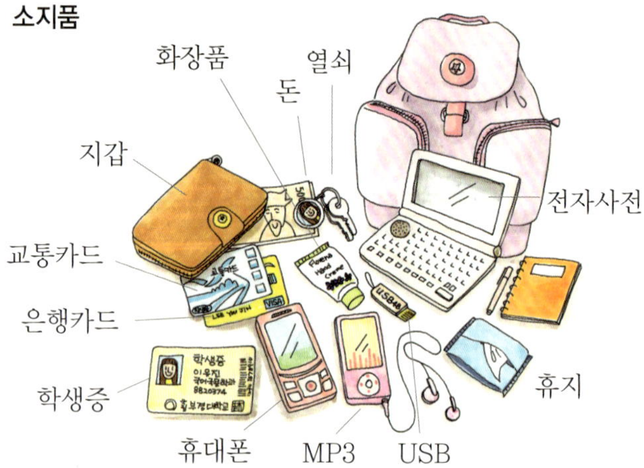

Classroom 교실

Body 몸

Dialog 대화

이것이 뭐예요?

유진: 이것이 뭐예요?

지미: 이것은 한국어 책이에요.

유진: 한국어를 배워요?

지미: 네, 한국어를 배워요.

유진: 어디에서 한국어를 공부해요?

지미: 부경대학교에서 한국어를 공부해요.

어휘 및 표현

뭐(=무엇)	what	**에서**	at / in
한국어	Korean(language)	**공부하다**	to study
네	yes	**부경대학교**	Pukyong University
배우다	to learn	**N에서 + V**	V + in / at N
어디	where		

덤

준말

한국어의 '무엇'은 '뭐'로 짧게 줄여 쓸 수 있습니다. '뭐'처럼 짧게 줄여 쓴 말을 '준말'이라고 합니다. 한국어에는 '뭐' 외에도 준말이 많이 있는데, '이것이'는 '이게', '저것이'는 '저게', '그것이'는 '그게' 등으로 줄여 쓸 수 있습니다.

	+이/가	+은/는	+을/를
이것	이것이 = 이게	이것은 = 이건	이것을 = 이걸
저것	저것이 = 저게	저것은 = 저건	저것을 = 저걸
그것	그것이 = 그게	그것은 = 그건	저것은 = 저건

Grammar 문법

1. N이/가

'–이/가' is a subject marker that indicates which word is the subject of the sentence. Nouns ending in a consonant(V1C1 or C1V1C2 structure) use '–이', Nouns ending in a vowel(V1 or C1V1) use '–가'.

V_1C_1 또는 $C_1V_1C_2$	
이것 선생님	+ 이

V_1 또는 C_1V_1	
여기 학교	+ 가

예

• 이것이 책상이에요.

• 지미가 공부해요.

2. N은/는

'–은/는' is a marker to introduce someone or something.
Nouns ending in a consonant (V1C1 or C1V1C2 structure) use '–은', Nouns ending in a vowel(V1 or C1V1) use '–는'.

V_1C_1 또는 $C_1V_1C_2$	
교실 한국	+ 은

V_1 또는 C_1V_1	
아버지 친구	+ 는

1) '–은/는' is used when you talk about someone or something you have previously mentioned or the speaker and the listener both know very well.

예 • 옛날에 지미 씨가 살았어요. → 새로운 정보 new information

Long time ago, there lived a man named Jimmy.

• 지미 씨는 미국 사람이었어요. → 알고 있는 정보 given information

Jimmy was an American.

예

• 지미: 여기가 어디예요?
  유진: 여기는 우체국이에요.

• 지미: 우체국이 어디예요?
  유진: 여기가 우체국이에요.

2) '–은/는' also indicates a contrastive meaning.

예
- 저는 키가 커요. 하지만 제 동생은 키가 작아요.
- 지금 한국은 여름이에요. 하지만 호주는 겨울이에요.
- 여름은 더워요. 하지만 겨울은 추워요.

3. N을/를

'–을/를' is an object marker which indicates which word is the object of a transitive verb. Nouns ending in a consonant (V1C1 or C1V1C2 structure) use '–을', Nouns ending in a vowel(V1 or C1V1) use '–를'.

V_1C_1 또는 $C_1V_1C_2$	
밥 신문	+ 을

V_1 또는 C_1V_1	
커피 노래	+ 를

예
- 지미 씨가 밥을 먹어요.
- 어머니가 커피를 마셔요.
- 아버지가 신문을 읽어요.
- 유진 씨가 노래를 불러요.

Diary 일기

2010년 9월 1일 수요일　　날씨: 맑음 ☼

오늘은 학교에 가요.

한국어 수업이 있어요.

한국어 선생님하고 친구들을 만나요.

한국어 선생님은 친절해요.

우리 반 친구들은 한국어 공부를 열심히 해요.

한국어 공부가 아주 재미있어요.

Grammar practice 문법 연습 ❷

1. 【보기】에서 알맞은 것을 골라 쓰세요.

보기 이/가, 을/를, 은/는

① 저(는) 학생이에요.
② 아니요, 지도(   ) 아니에요.
③ 지미 씨는 한국어(   ) 공부해요.
④ 제 이름(   ) 유진이에요.
⑤ 어머니가 밥(   ) 먹어요.

2. 그림을 보고 '이것', '그것', '저것'을 넣어 대화를 완성하세요.

① 지미 : 이것이 책이에요?
유진 : 네, 책이에요.

② 지미 : ________ 컴퓨터예요?
유진 : 네, 컴퓨터예요.

③ 지미 : ________ 전자사전이에요?
유진 : 네, 전자사전이에요.

④ 지미 : ________ 화장품이에요?
유진 : 네, 화장품이에요.

Vocabulary & Expressions 어휘 & 표현 ❷

1. 다음 그림을 보고 단어가 그림에 있으면 ○, 없으면 ×표 하세요.

① 돈 (O) ② 책 ( ) ⑤ 교통카드 ( ) ⑥ 창문 ( )
③ 휴대폰 ( ) ④ 전자사전 ( ) ⑦ 휴지 ( ) ⑧ 문 ( )

2. 다음 그림을 보고 신체 부분을 쓰세요.

① ____________
② ____________
③ ____________
④ ____________
⑤ ____________

3. 【보기】에서 알맞은 단어를 골라 쓰세요.

보기	뭐, 어디

① 가 : ______에서 한국어를 공부해요?
나 : 부경대학교에서 한국어를 공부해요.

② 가 : 이것이 ______예요?
나 : 그것은 책이에요.

School Life

제3과 학교생활

Picture Dictionary 그림사전

명사 Nouns

공부	study
공항	airport
교실	classroom
도서관	library
동아리	club
백화점	department store
사무실	office
성적	a grade
성적표	transcript
수강신청	registration
수업	class
숙제	homework
시험	examination
식당	restaurant
우체국	post office
은행	bank
집	house / home
학교	school
학비	tuition
학생증	student card
회사	company

동사 Verbs

가다	to go
내다	to submit / pay
듣다	to hear / listen
받다	to receive
빌리다	to borrow
입학하다	to enter a school to matriculate
졸업하다	to graduate
하다	to do

기타 Etc.

~에서	at / in

표현 Expressions

시험을 치다/보다
to have an examination
동아리에 들다
to join a club

학교에 가다

학비를 내다

수강신청(을) 하다

수업을 듣다

N(장소)에 가다

go to N

장소	
집	은행
학교	우체국
교실	서점
사무실	백화점
회사	공항
식당	도서관

집에 가다

은행에 가다

교실에 가다

식당에 가다

질문하다

대답하다

공부하다

숙제하다

숙제를 내다

책을 빌리다

동아리에 들다

시험을 치다/보다

성적표를 받다

입학하다

졸업하다

학생증

Dialog 대화

지금 어디에 가요?

유진: 지미 씨, 오늘 수업이 있어요?

지미: 아니요. 수업이 없어요.

유진: 그러면 지금 어디에 가요?

지미: 도서관에 가요.

유진: 도서관에서 무엇을 해요?

지미: 도서관에서 숙제를 해요.
유진 씨는 어디에 가요?

유진: 저는 영화관에 가요.
친구하고 약속이 있어요.

어휘 및 표현

오늘	today	무엇	what
수업	class	약속	appointment
있다	to have / to be	N이/가 있어요	I have N / There is N
없다	not to have / not to be	N이/가 없어요	I don't have N / There isn't N
그러면	then	N에서 + V	V + in / at N
가다	to go	N하고	with N

덤

영화표 예매 사이트

영화관에 가기 전에 미리 인터넷으로 영화표를 예매하면 편리합니다. 다음은 영화표를 예매할 수 있는 영화관 홈페이지입니다. 아래의 사이트에서 최신 개봉작과 영화 상영시간표를 확인하고, 영화표도 예매해 보세요.

http://www.cgv.co.kr CGV
http://www.cinus.co.kr 씨너스
http://www.primuscinema.com 프리머스 시네마
http://www.megabox.co.kr 메가박스
http://www.lottecinema.co.kr 롯데시네마

Grammar 문법

1. V · A아요/어요/여요

'–아요/어요/여요' is a sentence ending for the informal polite style which indicates present tense.

If the final vowel of a verb or adjective stem is 'ㅏ or ㅗ', '–아요' is used, If the final vowel of a verb or adjective stem is a vowel other than 'ㅏ, ㅗ', '–어요' is used. If a verb or adjective ends with '하다', '–여요' is used. '하여요' can be shortened into '해요'.

ㅗ, ㅏ	가다 go	가/+ 아요	→	가요
	오다 come	오/+ 아요	→	와요
	앉다 sit	앉/+ 아요	→	앉아요
ㅗ, ㅏ 제외한 모음 (ㅜ, ㅓ, ㅡ, ㅣ…)	먹다 eat	먹/ + 어요	→	먹어요
	웃다 laugh	웃/ + 어요	→	웃어요
	배우다 learn	배우/ + 어요	→	배워요
	마시다 drink	마시/ + 어요	→	마셔요
'하다' 동사	공부하다 study	공부하/ + 여요	→	공부해요
	사랑하다 love	사랑하/ + 여요	→	사랑해요
	좋아하다 like	좋아하/ + 여요	→	좋아해요

[참고]

There are two styles of speech in Korean: informal style and formal style.
This book mainly utilizes the informal style which is more common in everyday life.
Formal style '–습니다/ㅂ니다' is used in official speeches or writings.

If the stem of a verb or adjective ends in a consonant (V1C1 or C1V1C2) '–습니다' is added,
If the stem of a verb or adjective ends in a vowel(V1 or C1V1) '–ㅂ니다' is added.

V_1C_1 또는 $C_1V_1C_2$	먹다	먹/ + 습니다	→	먹습니다
	없다	없/ + 습니다	→	없습니다
V_1 또는 C_1V_1	오다	오/ + ㅂ니다	→	옵니다
	크다	크/ + ㅂ니다	→	큽니다

2. V · A아요/어요/여요?

With the addition of a question mark and rising intonation, the statement '–아요/어요/여요.' becomes question form.

동사	평서문	의문문
가다	가요.	가요?
먹다	먹어요.	먹어요?
좋아하다	좋아해요.	좋아해요?

3. 안 V · A아요/어요/여요

'안 V·A어요/아요/여요' is the negative form of '–아요/어요/여요'. In the case of '하다 Verbs' which have the 'N+하다' structure, the negative form is 'N 안 해요'.

동사	긍정문	부정문
가다	가요	안 가요
먹다	먹어요	안 먹어요
좋아하다	좋아해요	안 좋아해요
※공부하다	공부해요	공부 안 해요
※운동하다	운동해요	운동 안 해요

예 • 밥을 먹어요? • 한국 친구가 있어요? • 운동해요?

네. 밥을 먹어요.

네. 있어요.

네. 운동해요.

아니요. 밥을 안 먹어요.

아니요. 없어요.

아니요. 운동 안 해요.

Diary 일기

2010년 9월 10일 금요일 날씨: 흐림

오늘은 숙제가 많아요.

그래서 저는 도서관에 가요.

도서관에서 숙제를 해요.

저녁에 유진 씨하고 약속이 있어요.

유진 씨는 제 한국 친구예요.

우리는 영화관에서 만나요.

같이 영화를 봐요.

영화가 정말 재미있어요.

	맑음	흐림	비	눈
날 씨	☼	☁	☂	☃

Grammar practice 문법 연습 ❸

1. 다음을 바꿔 쓰세요.

① 은행에 가다 ⇨ 은행에 가요.

② 수강 신청을 하다 ⇨ ______

③ 도서관에 오다 ⇨ ______

④ 저는 학생이다 ⇨ ______

⑤ 이것은 책이 아니다 ⇨ ______

2. 다음 그림을 보고 대화를 완성하세요.

① 가 : 지미 씨가 은행에 가요?
나 : 아니요, 은행에 안 가요.
학교에 가요.

② 가 : 지미 씨가 공부해요?
나 : 아니요, ______
______

③ 가 : 유진 씨가 입학해요?
나 : 아니요, ______
______

④ 가 : 지미 씨가 숙제를 내요?
나 : 아니요, ______
______

Vocabulary & Expressions 어휘 & 표현 ❸

1. 관계있는 단어를 연결하세요.

① 입학을	㉠ 내다
② 학비를	㉡ 보다
③ 시험을	㉢ 들다
④ 동아리에	㉣ 하다

2. 다음 그림을 보고 빈 칸을 채우세요.

①

[집]

②

[ ][교]

③

[ ][무][ ]

④

[ ][당]

⑤

[ ][행]

⑥

[교][ ]

Numbers

제4과 숫자 말하기

Picture Dictionary 그림사전

명사	Nouns
~개	object counter
고유어	native language
날짜	date
냉장고	refrigerator
년	year
달	month
돈	money
동물	animal
~마리	counter for animals
~명	counter for people
몸무게	weight
방	room
~병	bottle
~분	minute
사과	apple
숫자	number
~시	hour
시간	time
~원	won(Korean currency)
~월	month
음료수	beverages
자동차	car
~일	day
~잔	counter for beverages in cups
종이	paper
~층	floor
컴퓨터	computer
키	height
표	ticket
한자어	Sino-Korean

돈

1,000원

10원

50원

500원

100원

층

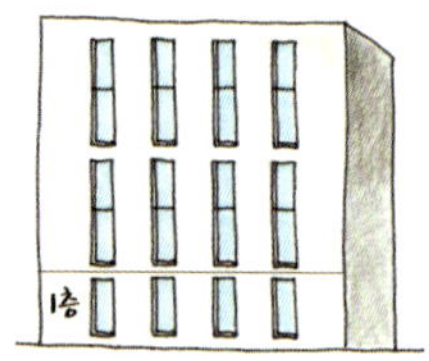

1층

방

406호

키 / 몸무게

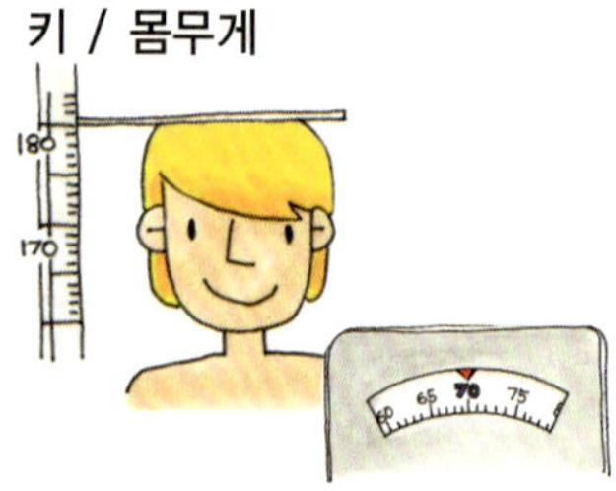

180cm, 70kg

날짜

10월 9일

시간

2시 15분

달이름

1월	2월	3월	4월	5월	6월
일월	이월	삼월	사월	오월	유월
7월	8월	9월	10월	11월	12월
칠월	팔월	구월	시월	십일월	십이월

Sino-Korean Numbers 한자어 숫자

1	2	3	4	5	6	7	8	9
일	이	삼	사	오	육	칠	팔	구
10	20	30	40	50	60	70	80	90
십	이십	삼십	사십	오십	육십	칠십	팔십	구십

100	1,000	10,000	100,000	1,000,000	10,000,000	100,000,000
백	천	만	십만	백만	천만	억

Korean Numbers 고유어 숫자

1	2	3	4	5	6	7	8	9
하나	둘	셋	넷	다섯	여섯	일곱	여덟	아홉
10	20	30	40	50	60	70	80	90
열	스물	서른	마흔	쉰	예순	일흔	여든	아흔

※ '하나, 둘, 셋, 넷' change forms when used with counters.
한, 두, 세, 네 + counters

사람

사람 / 명 분

동물

마리

물건(사과, 의자…)

개

종이, 표, CD…

장

자동차, 냉장고, 컴퓨터…

대

음료수

병 잔

Dialog 대화

생일이 몇 월 며칠이에요?

유진: 지미 씨, 지미 씨 생일이 몇 월 며칠이에요?

지미: 제 생일은 9월 10일이에요.

유진 씨 생일은 언제예요?

유진: 제 생일은 다음 주 월요일이에요.

지미: 생일에 무엇을 해요?

유진: 생일에 친구를 초대해요.

친구하고 파티를 해요.

어휘 및 표현

생일	birthday	주	week
몇	how many, which(+month)	월요일	Monday
월	month	초대하다	to invite
며칠	what date	파티	party
언제	when	N하고 + V	V + together with N
다음	next		

덤

생일 축하 노래

한국에서는 생일 아침에 미역국을 먹습니다.
그리고 생일 파티를 할 때는 생일 축하 노래를 부르고 케이크를 먹습니다.
한국어로 생일 축하 노래를 같이 불러 볼까요?

생일 축하합니다, 생일 축하합니다. 사랑하는 OO의 생일 축하합니다. ♫

Grammar 문법

1. 한자어 숫자 | Sino-Korean Numbers

Sino-Korean Numbers are used with dates, prices, minutes, floors, room numbers, kg, cm, etc.

1 일	월
2 이	일
3 삼	원
4 사	분
5 오	층
6 육	호
7 칠	kg
…	cm

예
- 오늘은 11월 2일이에요. 십일 월 이 일
- 이 가방은 5만 원이에요. 오만 원
- 식당이 3층에 있어요. 삼 층

2. 고유어 숫자 | Korean Numbers

Korean numbers are used with counters for people, animals and various types of objects. And they are also used with hours and ages.

1 한	사람 / 명
2 두	분
3 세	마리
4 네	개
5 다섯	장
6 여섯	대
7 일곱	병
…	잔
	시

예
- 우리 반에 학생이 7명 있어요. 일곱 명
- 교실에 책상이 8개 있어요. 여덟 개
- 지금 12시예요. 열두 시

Grammar practice 문법 연습 ❹

1. 다음 【보기】에서 알맞은 단어를 골라 쓰세요.

> **보기** 명, 장, 개, 마리, 대, 잔, 병

① 친구를 두 명 만나요.

② 콜라가 ____ 있어요.

③ 커피를 ____ 마셔요.

④ 사과를 ____ 먹어요.

⑤ 개가 ____ 있어요.

⑥ 컴퓨터가 ____ 있어요.

2. 다음 문장에서 밑줄 친 숫자를 한글로 쓰세요.

① 교실은 1층에 있어요. ⇨ 일

② 오늘은 10월 27일이에요. ⇨

③ 저는 키가 180cm예요. ⇨

④ 저는 몸무게가 70kg이에요. ⇨

3. 다음 문장에서 밑줄 친 숫자를 한글로 쓰세요.

① 한국 친구가 10명 있어요. ⇨ 열

② 교실에 책상이 30개 있어요. ⇨

③ CD 15장을 받아요. ⇨

④ 커피가 6잔 있어요. ⇨

Vocabulary & Expressions 어휘 & 표현 ❹

1. 다음 달력을 보고 날짜를 한글로 쓰세요.

① 이천년 일월 일일이에요.

② ______________________

③ ______________________

④ ______________________

2. 다음 (　　　)에 알맞은 숫자를 쓰세요.

① 오월 – (　　　) – 칠월 – 팔월 – (　　　) – (　　　) – 십일월

② 하나 – (　　　) – (　　　) – 넷 – 다섯 – (　　　) – 일곱 – (　　　)

3. 【보기】에서 알맞은 표현을 골라 쓰세요.

보기 몇 월 며칠이에요?, 언제예요?, 무엇을 해요?

① 유진 : 지미 씨, 생일이 ______________________?
지미 : 제 생일은 12월 14일이에요.

② 지미 : 유진 씨 생일은 ______________________?
유진 : 제 생일은 다음 주 월요일이에요.

③ 지미 : 생일에 ______________________?
유진 : 생일에 친구를 초대해요. 친구하고 파티를 해요.

Daily Routine

제5과 하루 일과

Picture Dictionary 그림사전

명사	Nouns
낮	daytime
도서관	library
밤	night
새벽	dawn
샤워	shower
세수	washing one's face
수업	class
아침	morning
아침(밥)	breakfast
오전	before noon, A.M.
오후	afternoon, P.M.
운동	exercise
이	teeth
인터넷	internet
잠	sleep
저녁	evening
저녁(밥)	dinner
점심	noon
점심(밥)	lunch
친구	friend
컴퓨터	computer
텔레비전	television
학교	school

동사	Verbs
끝나다	to finish
닦다	to brush
돌아가다	to go back
먹다	to eat
보다	to see/look/watch
시작하다	to start
일어나다	to get up
자다	to sleep

일어나다

세수를 하다

이를 닦다

샤워를 하다

아침/점심/저녁을 먹다

수업이 시작하다/끝나다

친구를 만나다

텔레비전을 보다

운동을 하다

인터넷을 하다

잠을 자다

Time 시간 말하기

1	한	시	1	한	분
2	두		2	두	
3	세		3	세	
4	네		4	네	
5	다섯		5	다섯	
6	여섯				
7	일곱		30	삼십	
8	여덟				
9	아홉		56	오십육	
10	열		57	오십칠	
11	열한		58	오십팔	
12	열두		59	오십구	

1:00	한 시	8:41	여덟 시 사십일 분
2:15	두 시 십오 분	9:30	아홉 시 삼십 분
3:27	세 시 이십칠 분	11:59	열한 시 오십구 분
6:30	여섯 시 삼십 분 (=여섯 시 반)	12:00	열두 시

낮  밤

Dialog 대화

지미 씨의 하루

저는 어제 아침 7시에 일어났어요.

7시에 샤워를 했어요.

그리고 8시에 아침을 먹었어요.

9시에 학교에 갔어요.

10시부터 12시까지 한국어 수업이 있었어요.

12시에 식당에서 점심을 먹었어요.

낮에 도서관에 갔어요.

도서관에서 책을 읽었어요.

5시에 집에 왔어요.

집에서 저녁을 먹었어요.

밤에 인터넷을 했어요.

숙제도 했어요.

11시에 잠을 잤어요.

어휘 및 표현

보통	usually	읽다	to read
한국어	Korean	N(시간)에	at N(time, dates)
그리고	and	N1부터 N2까지	from N1 to N2
수업	class	N도	N also, too
책	book		

Grammar 문법

1. V · A았어요/었어요/였어요

'–았어요/었어요/였어요' is a sentence ending indicating the past tense.
If the final vowel of a verb or adjective stem is 'ㅏ or ㅗ', '–았어요' is used, If the final vowel of a verb or adjective stem is a vowel other than 'ㅏ, ㅗ', '–었어요' is used. If a verb or adjective ends with '하다', '–였어요' is used.

ㅗ, ㅏ	가다 go	가/+ 았어요	→	갔어요
	오다 come	오/+ 았어요	→	왔어요
	앉다 sit	앉/+ 았어요	→	앉았어요
ㅗ, ㅏ 제외한 모음 (ㅜ, ㅓ, ㅡ, ㅣ…)	먹다 eat	먹/ + 었어요	→	먹었어요
	웃다 laugh	웃/ + 었어요	→	웃었어요
	배우다 learn	배우/ + 었어요	→	배웠어요
	마시다 drink	마시/ + 었어요	→	마셨어요
'하다' 동사	공부하다 study	공부하/ + 였어요	→	공부했어요
	사랑하다 lovc	사랑하/ + 였어요	→	사랑했어요
	좋아하다 like	좋아하/ + 였어요	→	좋아했어요

예

현재	과거
오늘 비가 와요.	어제 비가 왔어요.
저는 학교에 가요.	저는 학교에 갔어요.
지미 씨는 지금 밥을 먹어요.	지미 씨는 아까 밥을 먹었어요.
영화가 재미있어요.	영화가 재미있었어요.
지금 숙제를 해요.	어제 밤에 숙제를 했어요.

Grammar practice 문법 연습 ❺

1. 다음을 바꿔 쓰세요.

① 와요 ⇨ 왔어요.

② 공부해요 ⇨

③ 마셔요 ⇨

④ 배워요 ⇨

⑤ 먹어요 ⇨

⑥ 웃어요 ⇨

2. 그림을 보고 질문에 대답하세요.

① 가 : 어제 아침에 무엇을 했어요?

나 : 운동했어요.

② 가 : 어제 낮에 무엇을 했어요?

나 :

③ 가 : 어제 밤에 무엇을 했어요?

나 :

Vocabulary & Expressions 어휘 & 표현 ❺

1. 사람들이 무엇을 해요? 【보기】에서 알맞은 단어를 골라 쓰세요.

보기			
	• 인터넷을 하다	• 운동을 하다	• 이를 닦다
	• 친구를 만나다	• 샤워를 하다	• 세수를 하다

① 운동을 하다.

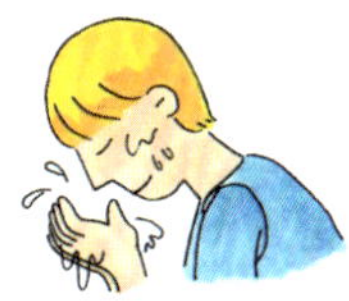

②

③

④

⑤

⑥

2. 다음 그림을 보고 문장을 완성하세요.

① 9시부터 12시까지 수업을 들었어요.

② ______________________________

③ ______________________________

Transportations

제6과 교통수단 이용하기

Picture Dictionary 그림사전

명사 Nouns

교통카드	transportation card
노선도	transportation map
단말기	card terminal
버스	bus
버스정류장	bus stop
벨	bell
손잡이	handle
요금	fare
자리	seat
줄	line
지하철	subway
출구	way-out
택시비	taxi fare
표	ticket

동사 Verbs

갈아타다	to transfer
기다리다	to wait
나오다	to come out
내다	to pay
내리다	to get off
넣다	to insert / put in
누르다	to press
대다	to put
서다	to stand
세우다	to pull over
앉다	to sit
잡다	to catch
타다	to ride

표현 Expressions

줄을 서다	to wait in line

버스를 기다리다

버스를 타다

버스 요금을 내다

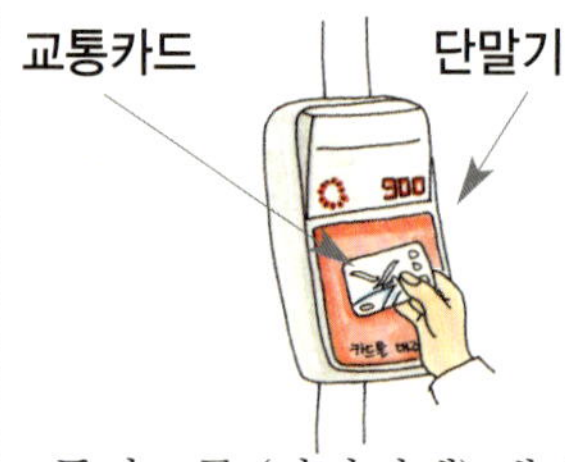

교통카드를 (단말기에) 대다

손잡이를 잡다

자리에 앉다

벨을 누르다

버스에서 내리다

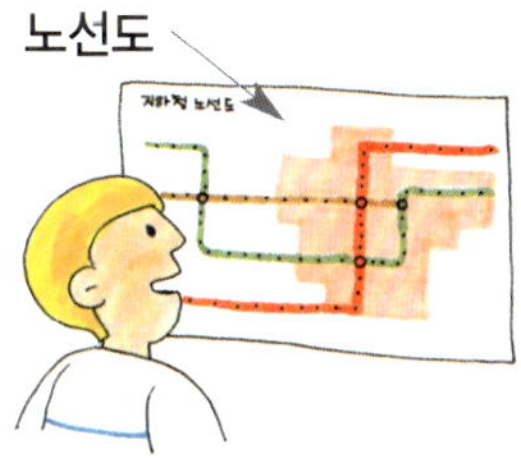

지하철 노선도를 보다

지하철 표를 넣다

줄을 서다

지하철을 타다

2호선으로 갈아타다

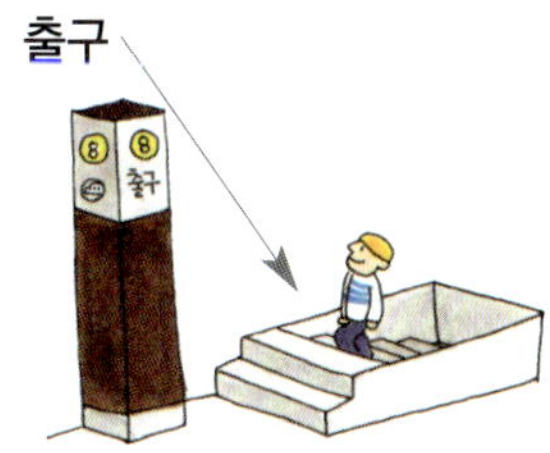

8번 출구로 나오다

택시를 잡다

택시를 타다

택시비를 내다

Useful Expressions for Taxi

when you say your destination to the taxi driver, "N(destination)에 가 주세요."

- 부경대학교에 가 주세요.

Pull over there, please.

- 저기에 세워 주세요.

Dialog 대화

부산역에 어떻게 가요?

지미: 부산역에 어떻게 가요?

학생: 버스나 지하철을 타세요.

지미: 버스 정류장은 어디에 있어요?

학생: 부경대학교 정문 앞에 있어요.

거기에서 27번 버스를 타세요.

지미: 시간이 얼마나 걸려요?

학생: 25분쯤 걸려요.

어휘 및 표현

부산역	Busan station	걸리다	to take (time)
어떻게	how	쯤	about, around ~
정문	the main entrance	N에 어떻게 가요?	How can I get to N?
거기	there	N1(이)나 N2	N1 or N2
~번 버스	number ~ bus	시간이 얼마나 걸려요?	How long does it take?
얼마나	how long		

덤

대중교통 안내 사이트

요즘은 버스, 지하철 등 대중교통 정보를 제공하는 사이트가 많이 있습니다.
외출하기 전에 버스, 지하철 노선과 요금, 운행 정보를 꼭 확인해 봅시다.

http://traffic.map.naver.com/ 전국 지하철, 버스 운행 정보
http://www.websubway.co.kr/subway/default.asp?city=pusan 부산 지하철 노선도
http://bus.busan.go.kr/ 부산 버스 노선 안내

Grammar 문법

1. V(으)세요

'–(으)세요' is a verb ending which creates a polite request or command.
Verb stems ending in a consonant(V1C1 or C1V1C2) use '–으세요', Verb stems ending in a vowel(V1 or C1V1) use '–세요'.

V_1C_1 또는 $C_1V_1C_2$	앉다	앉/ + 으세요	→	앉으세요
	읽다	읽/ + 으세요	→	읽으세요
V_1 또는 C_1V_1	가다	가/ + 세요	→	가세요
	쓰다	쓰/ + 세요	→	쓰세요

The following two verbs take different forms.

먹다	먹/ + 으세요	→	먹으세요(X)	드세요(○)
자다	자/ + 세요	→	자세요(X)	주무세요(○)

예

• 여기에 앉으세요.

• 안녕히 가세요.

• 맛있게 드세요.

2. V지 마세요

'–지 마세요' is the negative form of '–(으)세요'.

예

• 먹지 마세요.

• 이야기하지 마세요.

• 담배를 피우지 마세요.

Grammar practice 문법 연습 ❻

1. 다음을 바꿔 쓰세요.

① 오다 ⇨ 오세요.
② 기다리다 ⇨
③ 타다 ⇨
④ 앉다 ⇨
⑤ 잡다 ⇨

2. 다음을 바꿔 쓰세요.

① 오다 ⇨ 오지 마세요.
② 기다리다 ⇨
③ 타다 ⇨
④ 앉다 ⇨
⑤ 잡다 ⇨

3. 선생님이 어떻게 말해요? 쓰세요.

① 듣고 따라하다 ⇨ 듣고 따라하세요.
② 읽다 ⇨
③ 쓰다(×) ⇨ 쓰지 마세요.
④ 영어로 말하다(×) ⇨
⑤ 책을 보다(×) ⇨

Vocabulary & Expressions 어휘 & 표현 ❻

1. 다음 그림을 보고 빈칸을 채우세요.

① 버스를 기다리다.

② 줄_ _다.

③ 버스_ _다.

④ 버스_ _ _ _다.

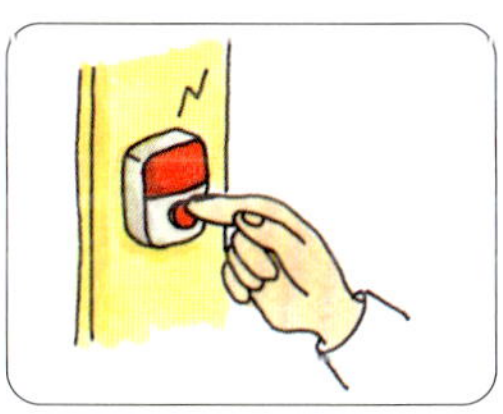

⑤ 벨_ _ _다.

Making Phonecalls & Arranging Appointments

제7과 전화하기 • 약속하기

Picture Dictionary 그림사전

명사	Nouns
전화(기)	telephone
휴대폰	cell phone
통화 중	on the other line
전화번호	phone number
표	ticket

동사	Verbs
끊다	to hang up
바꿔 주다	(literally) to change to put them on the phone
받다	to answer / receive
울리다	to ring
정하다	to set
취소하다	to cancel
확인하다	to check / confirm

부사	Adverbs
잘못	wrongly / mistakenly

표현	Expressions
전화를 걸다	to make a call
전화를 끊다	to hang up the phone

전화번호를 누르다

전화를 걸다

전화가 울리다

전화를 받다

통화중이다

전화를 잘못 걸다

전화를 바꿔 주다

전화를 끊다

약속 시간을 정하다

약속 장소를 정하다

약속을 취소하다

영화시간을 확인하다

영화표를 사다

영화를 보다

Telephone Expressions 전화표현

여보세요.	Hello.
거기 ~ (이)지요?	Is this ~?
전데요.	It's me.
~씨 좀 바꿔 주세요.	Can I talk to ~?
~씨 전화 왔어요.	It's for you. (The phone is for you.)
~씨 전화 받으세요.	Get the phone, please. (It's for you.)
지금 안 계세요.	He/she is not here.
잠깐만 기다리세요.	Hang on, please.
다시 전화할게요.	I'll call back.
안녕히 계세요. (전화 끊을 때)	Goodbye. (when you hang up the phone)

Dialog 대화

같이 영화를 볼까요?

지미: 여보세요?
유진: 여보세요?
지미: 유진 씨, 저 지미예요.
유진: 아, 지미 씨, 무슨 일이에요?
지미: 유진 씨, 내일 시간 있어요?
유진: 네, 시간 있어요.
지미: 그러면 우리 같이 영화를 볼까요?
유진: 좋아요. 같이 영화를 봅시다.
몇 시에 만날까요?
지미: 2시 어때요?
유진: 네. 좋아요.
그러면 내일 2시에 학교 앞 영화관에서 만납시다.
지미: 네. 유진 씨, 내일 봐요.

어휘 및 표현

내일	tomorrow	몇 시	what time
시간	time	N 어때요?	What do you think of N? / How is N?
우리	we		
같이	together	무슨 일이에요?	What's the matter?

덤

영화관 이용 예절

영화관에서 영화를 볼 때도 지켜야 할 예절이 있습니다. 영화관 이용 예절을 함께 알아볼까요?

첫째, 핸드폰은 진동으로 바꾸거나 전원을 끄세요.
둘째, 사진을 찍지 마세요.
셋째, 앞사람의 자리를 발로 차지 마세요.
넷째, 쓰레기는 쓰레기통에 버리세요.

Grammar 문법

1. V(으)ㄹ까요?

'–(으)ㄹ까요?' is a verb ending that indicates a suggestion. This ending inquires the opinion of the listener.
Verb stems ending in a consonant(V1C1 or C1V1C2) use '–을까요?', Verb stems ending in a vowel(V1 or C1V1) use '–ㄹ까요?'.

V1C1 또는 C1V1C2	먹다	먹/ + 을까요?	→	먹을까요?
	앉다	앉/ + 을까요?	→	앉을까요?
	찾다	찾/ +을까요?	→	찾을까요?
V1 또는 C1V1	보다	보/ + ㄹ까요?	→	볼까요?
	만나다	만나/ +ㄹ까요?	→	만날까요?
	기다리다	기다리/ +ㄹ까요?	→	기다릴까요?

2. V(으)ㅂ시다.

'–(으)ㅂ시다' indicates a suggestion that the speaker and the listener do something together.
Verb stems ending in a consonant(V1C1 or C1V1C2) use '–읍시다', Verb stems ending in a vowel(V1 or C1V1) use '–ㅂ시다'.

V1C1 또는 C1V1C2	읽다	읽/ + 읍시다	→	읽읍시다
	받다	받/ + 읍시다	→	받읍시다
	잡다	잡/ +읍시다	→	잡읍시다
V1 또는 C1V1	타다	타/ + ㅂ시다	→	탑시다
	배우다	배우/+ ㅂ시다	→	배웁시다
	마시다	마시/ +ㅂ시다	→	마십시다

예

• 유진: 우리 버스를 탈까요?
지미: 좋아요. 버스를 탑시다.

• 시미: 내일 같이 해운대에 갈까요?
유진: 미안해요.
내일은 시간이 없어요.
다음에 갑시다.

• 유진: 점심을 같이 먹읍시다.
지미: 네, 좋아요.

• 지미: 오늘 3시에 만납시다.
유신: 3시에는 수업이 있어요.
4시 어때요?

Grammar practice 문법 연습 ❼

1. 다음을 바꿔 쓰세요.

① 가요 ⇨ 갈까요?
② 만나요 ⇨
③ 먹어요 ⇨
④ 봐요 ⇨
⑤ 읽어요 ⇨

2. 다음을 바꿔 쓰세요.

① 가요 ⇨ 갑시다.
② 만나요 ⇨
③ 먹어요 ⇨
④ 봐요 ⇨
⑤ 읽어요 ⇨

3. 다음 그림을 보고 대화를 완성하세요.

① 가 : 배가 고파요.
나 : 식당에 갈까요 ?
가 : 네. 식당에 갑시다.

② 가 : 내일 시험이 있어요.
나 : ____________?
가 : 네, 도서관에서 공부합시다.

③ 가 : 피곤해요.
나 : ____________?
가 : 네, 의자에 앉읍시다.

Vocabulary & Expressions 어휘 & 표현 ❼

1. 다음은 전화 대화입니다. 【보기】에서 알맞은 문장을 골라 보세요.

> **보기**
> ① 거기 지미 씨 집이지요?
> ② 다시 전화할게요.
> ③ 지미 씨 좀 바꿔 주세요.

가 : 여보세요, ____________________

나 : 네, 맞아요.

가 : ____________________________

나 : 지금 안 계세요.

가 : 그럼, ______________________

안녕히 계세요.

2. 다음 단어 다음에 올 수 없는 것을 고르세요.

① 버스를	☐ 타다	☑ 내리다	☐ 기다리다
② 전화를	☐ 울리다	☐ 걸다	☐ 끊다
③ 약속을	☐ 누르다	☐ 정하다	☐ 취소하다

Weekend Activities

제8과 주말활동

Picture Dictionary 그림사전

명사	Nouns
낚시	fishing
노래	song
등산	mountain climbing
빨래	washing clothes
사진	photo
설거지	washing the dishes
쇼핑	shopping
여행	travel
음악	music
주말	weekend
주중	weekdays
찜질방	bathhouse
청소	cleaning
춤	dance
평일	weekdays

동사	Verbs
듣다	to hear/listen
읽다	to read

표현	Expressions
노래를 부르다	to sing a song
사진을 찍다	to take a photo
춤을 추다	to dance

책을 읽다

음악을 듣다

영화를 보다

등산을 하다

노래를 부르다

사진을 찍다

춤을 추다

여행을 가다

낚시를 하다

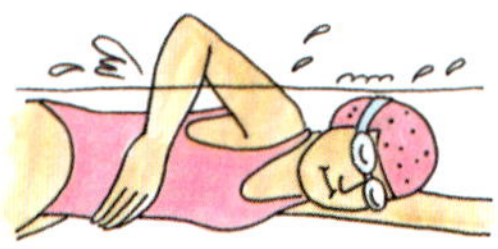

운동을 하다

컴퓨터 게임을 하다

쇼핑을 하다

찜질방에 가다

요리를 하다

설거지를 하다

청소를 하다

빨래를 하다

Weekdays and Weekend 평일과 주말

요일	월요일	화요일	수요일	목요일	금요일	토요일	일요일
	Monday	Tuesday	Wednesday	Thursday	Friday	Saturday	Sunday
	주중(평일) I Weekdays					주말 I Weekend	

Dialog 대화

주말에 뭐 해요?

유진: 지미 씨, 이번 주말에 뭐 해요?

지미: 토요일에 남포동에 갈 거예요.

유진: 남포동에서 무엇을 할 거예요?

지미: 내일부터 남포동에서 국제영화제가 열려요.
그래서 남포동에서 영화를 볼 거예요.
유진 씨는 주말에 뭐 할 거예요?

유진: 저는 이번 주말에 해운대에 갈 거예요.
해운대에서 바다를 구경할 거예요.
그리고 사진을 많이 찍을 거예요.

어휘 및 표현

이번	this (time)	**바다**	sea
뭐(=무엇을)	what	**구경하다**	to watch / to go sightseeing
남포동	Nampodong (name of an area)	**사진**	photo
국제영화제	International Film Festival	**사진을 찍다**	to take a photo
열리다	to be held	**많이**	a lot
그래서	so	**이번 N**	this N
해운대	Haeundae (beach)	**N부터**	from N / beginning N

덤

부산국제영화제

매년 10월 부산 남포동과 해운대 등에서는 부산국제영화제(PIFF: Pusan International Film Festival)가 열립니다. 부산국제영화제는 1996년에 처음 시작하여 지금은 아시아 최고의 영화제가 되었습니다. 매년 부산국제영화제 기간에는 전 세계 영화감독과 영화배우, 그리고 영화를 사랑하는 많은 사람들이 부산을 찾고 있습니다.

Grammar 문법

1. V · A(으)ㄹ 거예요

'-(으)ㄹ 거예요' represents a future tense of '아/어/여요'. When a subject is in the 3rd person, it sometimes represents the speaker's conjecture.
Verb·Adjective stems ending in a consonant(V1C1 or C1V1C2) use '-을 거예요'
Verb·Adjective stems ending in a vowel(V1 or C1V1) use '-ㄹ 거예요'.

V_1C_1 또는 $C_1V_1C_2$	입다	입 +을 거예요	→	입을 거예요
	많다	많 +을 거예요	→	많을 거예요
V_1 또는 C_1V_1	오다	오 +ㄹ 거예요	→	올 거예요
	예쁘다	예쁘 +ㄹ 거예요	→	예쁠 거예요

예

- 저는 오늘 저녁에 불고기를 먹을 거예요. (미래)
- 내일 부산에 비가 올 거예요. (미래)
- 지금 서울에 눈이 올 거예요. (추측)
- 주말에 해운대에 사람이 많을 거예요. (추측)

2. 안 V · A(으)ㄹ 거예요

'안 -(으)ㄹ 거예요' is the negative form of '-(으)ㄹ 거예요' However, '하다 Verbs' composed of 'N+하다' take '안' in between the noun and '하다'.

동사	긍정문	부정문
가다	갈 거예요	안 갈 거예요
작다	작을 거예요	안 작을 거예요
깨끗하다	깨끗할 거예요	안 깨끗할 거예요
※요리하다	요리할 거예요	요리 안 할 거예요

예

- 방학에 집에 안 갈 거예요.
- 오늘 밤에는 인터넷을 안 할 거예요.
- 이번 겨울에는 부산에 눈이 안 올 거예요.
- 다음 주말에 날씨가 안 좋을 거예요.

Grammar practice 문법 연습 ❽

1. 다음과 같이 하세요.

	어 제	오 늘	내 일
① 가다	갔어요	가요	갈 거예요
② 읽다		읽어요	
③ 하다		해요	
④ 먹다		먹어요	
⑤ 입다		입어요	
⑥ 사다		사요	

2. 다음의 대화를 완성하세요.

① 가 : 월요일에 운동을 할 거예요?
나 : 아니요, 월요일에 운동을 안 할 거예요.

② 가 : 토요일에 찜질방에 갈 거예요?
나 : 아니요, ______________.

③ 가 : 일요일에 등산을 할 거예요?
나 : 아니요, ______________.

④ 가 : 수요일에 청소를 할 거예요?
나 : 아니요, ______________.

Vocabulary & Expressions 어휘 & 표현 ❽

1. 다음과 같이 하세요.

① 일 – 이 – (삼) – 사 – (　　　) – 육 – 칠 – (　　　) – (　　　)

② (　　　) – (　　　) – 내일

③ 하나 – 둘 – (　　　) – (　　　) – 다섯 – 여섯 – (　　　) – (　　　)

④ 일요일 – 월요일 – 화요일 – (　　　) – 목요일 – (　　　) – (　　　)

2. 다음의 대화를 완성하세요.

① 가 : 이번 주말에 무엇을 할 거예요?

나 : 책을 읽을 거예요.

② 가 : 이번 주말에 무엇을 할 거예요?

나 : ________________.

③ 가 : 이번 주말에 무엇을 할 거예요?

나 : ________________.

④ 가 : 이번 주말에 무엇을 할 거예요?

나 : ________________.

Health Issues

제9과 병원가기

Picture Dictionary 그림사전

명사 Nouns

감기	cold
기침	cough
머리	head
멍	bruise
몸살	illness from fatigue
발	foot
밴드	Band-Aid
붕대	bandage / dressing
약	medicine
열	fever
접수	registration
주사	shot
진찰	medical examination
처방전	prescription
체온	body temperature
피	blood

동사 Verbs

감다	to bandage / wind
다치다	to get hurt / injured
바르다	to apply/ put on
받다	to receive
붙이다	to attach
삐다	to sprain
재다	to measure

형용사 Adjectives

아프다	to be sick

표현 Expressions

감기에 걸리다	to catch a cold
멍이 들다	to have a bruise
몸살이 나다	to have pain from exhaustion
약을 짓다	to fill the prescription
열이 나다	to have a fever
주사를 맞다	to get a shot
피가 나다	to bleed

접수를 하다

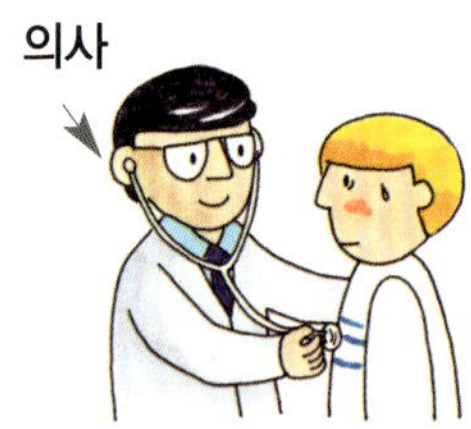

진찰을 받다

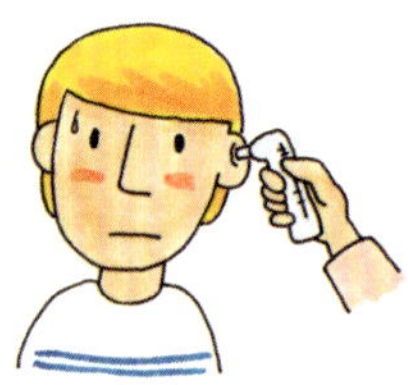
체온을 재다

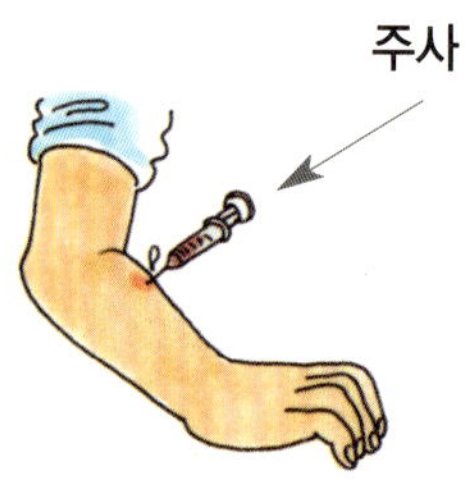

주사를 맞다

처방전을 받다

약을 짓다

머리가 아프다

몸살이 나다

다리를 다치다

피가 나다

감기에 걸리다

기침을 하다

콧물이 나다

열이 나다

멍이 들다

발을 삐다

엑스레이를 찍다

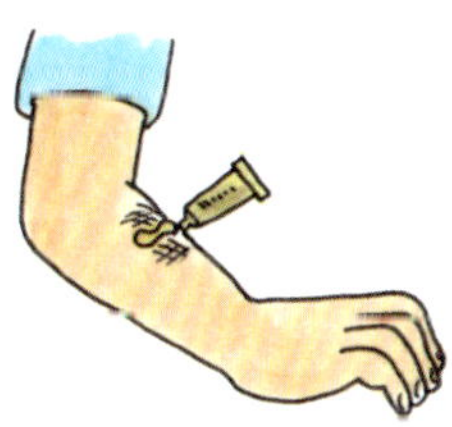

약을 바르다

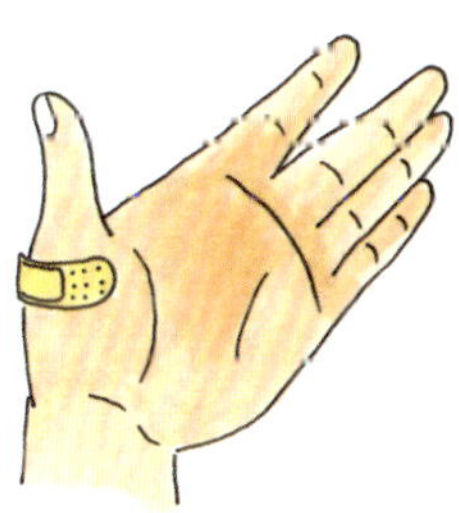

밴드를 붙이다

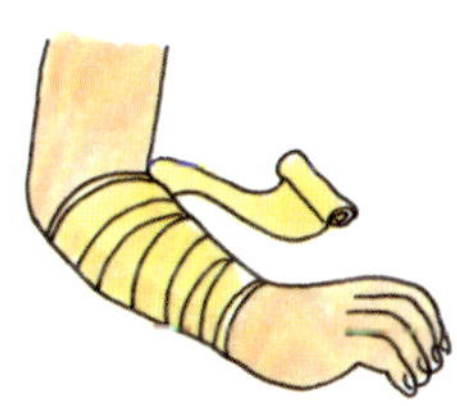

붕대를 감다

Dialog 대화

배가 아프고 열이 나요.

간호사: 지미 씨, 1번 방으로 들어가세요.

의사: 어떻게 오셨어요?

지미: 배가 아프고 열이 나요.

의사: 배가 어떻게 아파요?

지미: 소화가 잘 안 되고 설사를 해요.

의사: 언제부터 아팠어요?

지미: 어제 밤부터 아팠어요.

의사: 오늘은 매운 음식을 먹지 말고 죽을 드세요.
그리고 이 약은 하루에 세 번 식후에 드세요.

어휘 및 표현

1번	number 1	설사(를) 하다	to have diarrhea
방	room	~지 말다	not to V(used only for a request or a command)
들어가다	to enter / go in	죽	porridge
매운	spicy	하루	a day
소화	digestion	식후	after meals
소화가 안 되다	to have indigestion	어떻게 오셨어요?	What did you come here for?

덤

한의원

한국에는 한의원이라고 하는 병원이 있습니다. 한의원에서는 한국의 전통적인 치료법으로 환자를 치료합니다. 한의원은 서양식 병원과는 달리 칼과 기계를 사용하지 않고, 주로 한약과 침을 이용하여 치료를 합니다. 최근에는 자연친화적 치료법에 매력을 느낀 외국인들이 한의원을 많이 찾고 있다고 합니다.

Grammar 문법

1. V · A고

1) V · A고 (나열)

'-고' connects a preceding clause with a following clause equally.

예

- 오늘은 비가 와요. 그리고 바람이 불어요.
  → 오늘은 비가 오/고 바람이 불어요.
- 형은 대학생이에요. 그리고 동생은 고등학생이에요.
  → 형은 대학생이/고 동생은 고등학생이에요.
- 지미 씨는 공부를 잘해요. 그리고 운동을 잘해요.
  → 지미 씨는 공부를 잘하/고 운동을 잘해요.
- 콧물이 나요. 그리고 기침을 해요.
  → 콧물이 나/고 기침을 해요.

2) V · A고 (시간 순서)

'-고' is sometimes attached to the stem of verbs and represents time sequences between a preceding clause and a following clause. In this case, the subject of a preceding clause is the same with the subject of the following clause.

예

- 저는 밥을 먹어요. 그리고 그 후에 숙제를 해요.
  → 저는 밥을 먹/고 숙제를 해요.
- 수업이 끝나요. 그리고 사무실에 오세요.
  → 수업이 끝나/고 사무실에 오세요.
- 먼저 숙제를 합시다. 그리고 텔레비전을 봅시다.
  → 먼저 숙제를 하/고 텔레비전을 봅시다.
- 약을 바르세요. 그리고 밴드를 붙이세요.
  → 약을 바르/고 밴드를 붙이세요.

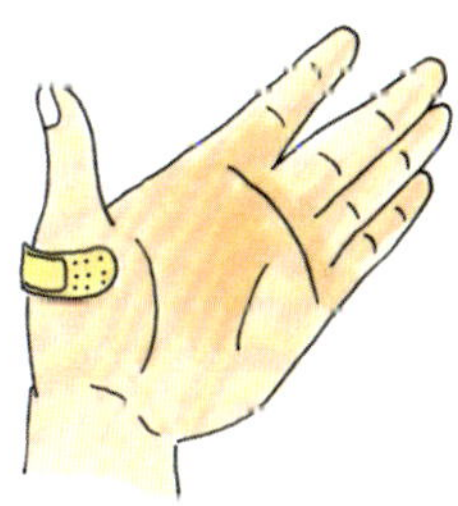

Grammar practice 문법 연습 ⑨

1. 다음 문장을 완성하세요.

① 오늘은 비가 와요. 그리고 바람이 불어요.

⇨ 오늘은 비가 오고 바람이 불어요.

② 지미 씨는 미국 사람이에요. 그리고 유진 씨는 한국 사람이에요.

⇨ ______________________

③ 피가 나요. 그리고 멍이 들었어요.

⇨ ______________________

④ 지미 씨는 춤을 춰요. 그리고 유진 씨는 노래를 불러요.

⇨ ______________________

2. 다음 표를 보고 지미 씨의 하루 일과를 쓰세요.

7:00	아침을 먹다
9:00	학교에 가다
10:00~12:00	한국어 수업을 듣다
12:00	점심을 먹다
1:00	도서관에서 책을 읽다
5:00	집에 돌아가다

① 지미 씨는 아침을 먹고 학교에 가요.

② 한국어 수업을 ______________

③ 점심을 ______________

④ 도서관에 책을 읽고 ______________

Vocabulary & Expression 어휘 & 표현 ⑨

1. 관계있는 단어를 연결하세요.

① 머리가	㉠ 걸리다
② 열이	㉡ 아프다
③ 감기에	㉢ 다치다
④ 다리를	㉣ 하다
⑤ 기침을	㉤ 나다

2. 다음 그림을 보고, 알맞은 동사를 고르세요.

① 기침을 하다 / 나다

② 콧물이 하다 / 나다

③ 열이 하다 / 나다

④ 피가 하다 / 나다

Restaurants

제10과 식당가기

Picture Dictionary 그림사전

명사	Nouns
그릇	bowl
나이프	knife
메뉴판	menu
배	stomach (literally: belly)
숟가락	spoon
음식	food
접시	plate
젓가락	chopsticks
컵	cup
포크	fork

동사	Verbs
계산하다	to get the check
시키다	to order
주문하다	to order

형용사	Adjectives
달다	to be sweet
맛없다	not to be delicious
맛있다	to be delicious
맵다	to be spicy
시다	to be sour
싱겁다	not to be salty enough
쓰다	to be bitter
짜다	to be salty

표현	Expressions
배가 고프다	to be hungry
배가 부르다	to be full

배가 고프다

배가 부르다

메뉴판을 보다

음식을 고르다

음식을 시키다 = 주문하다

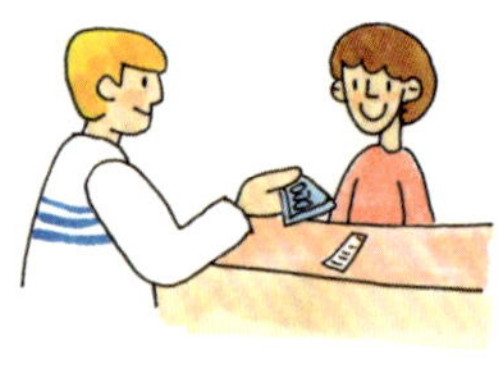
계산하다

맛있다

맛없다

음식의 맛

식사도구 이름

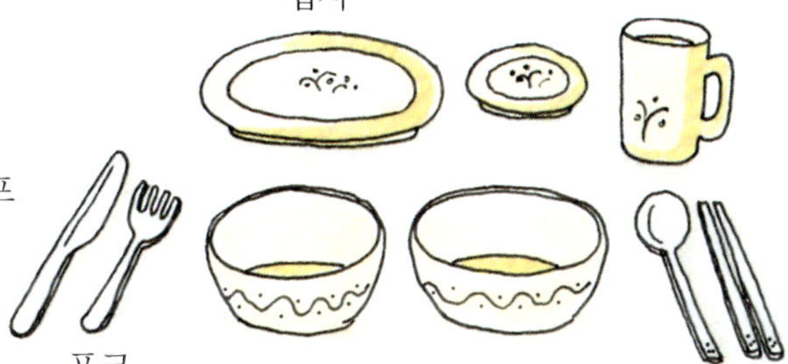

유용한 표현

어서 오세요.	Welcome.
이쪽으로 오세요.	Come this way, please.
뭐 드시겠습니까?	What would you like to eat?
음식 값은 선불입니다.	Please pay first.
제가 한 턱 낼게요.	It is my treat. (It's on me.)
반찬 좀 더 주세요.	Can I have more side dishes?
몇 분이세요?	How many are with you?

Dialog 대화

삼겹살을 먹고 싶어요.

유진: 지미 씨, 저녁 먹었어요?

지미: 아니요. 아직 안 먹었어요.

유진: 그러면, 같이 저녁을 먹을까요?

지미: 네, 좋아요. 학교 근처 식당에 갑시다.

〈식당에서〉

유진: 지미 씨, 뭐 먹고 싶어요?

지미: 저는 삼겹살을 먹고 싶어요.
유진 씨는요?

유진: 저도 삼겹살을 먹고 싶어요.
우리 밥도 먹을까요?

지미: 좋아요.

유진: 여기요! 삼겹살 이 인분하고 밥 두 공기 주세요.

어휘 및 표현

아직	yet	인분	serving (counter for Samgyupsal)
같이	together	공기	rice bowl
근처	near	N1하고 N2	N1 and N2
삼겹살	Samgyupsal (a part of pork)		

덤

한국 음식

김치	비빔밥	불고기	삼계탕	된장찌개

Grammar 문법

1. V고 싶다

'-고 싶다' expresses the speaker's desire to do something.

먹다	먹/ + 고 싶다	→	먹고 싶다
살다	살/ + 고 싶다	→	살고 싶나
보다	보/ + 고 싶다	→	보고 싶다
결혼하다	결혼하/ + 고 싶다	→	결혼하고 싶다

예

- 배가 고파요. 밥을 먹고 싶어요.

- 너무 피곤해요. 쉬고 싶어요.

- 오늘은 제 생일이에요. 선물을 받고 싶어요.

- 지미: 이번 크리스마스에 뭐 하고 싶어요?
  유진: 친구들하고 파티를 하고 싶어요.
- 유신: 졸업하고 뭐 하고 싶어요?
  지미: 졸업하고 한국 회사에 다니고 싶어요.

Grammar practice 문법 연습 ⑩

1. 【보기】에서 그림에 맞는 표현을 고르세요.

보기	• 밥을 먹고 싶어요	• 쉬고 싶어요	• 선물을 받고 싶어요

① 너무 피곤해요.
쉬고 싶어요.

② 배가 고파요.
____

③ 오늘은 제 생일이에요.
____

2. 다음을 바꿔 쓰세요.

① 삼겹살을 먹어요. ⇨ 삼겹살을 먹고 싶어요.
② 책을 읽어요. ⇨ ________________
③ 버스에서 내려요. ⇨ ________________
④ 자리에 앉아요. ⇨ ________________
⑤ 운동을 해요. ⇨ ________________

Vocabulary & Expressions 어휘 & 표현 ⑩

1. 다음 그림에 맞는 표현을 고르세요.

① ㉠ 짜다

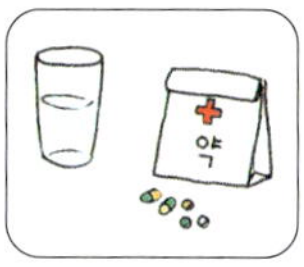

② ㉡ 맵다

③ ㉢ 시다

④ ㉣ 달다

⑤ ㉤ 쓰다

2. 그림을 보고 대화를 완성하세요.

① 가 : 무엇이 있어요?
나 : 컵하고 포크가 있어요.

② 가 : 무엇이 있어요?
나 : ____________________

③ 가 : 무엇이 있어요?
나 : ____________________

Shopping

제11과 물건사기

Picture Dictionary 그림사전

명사	Nouns
값	price
길이	length
모자	cap / hat
사이즈	size
쇼핑	shopping
신발	shoes
옷	clothes

동사	Verbs
계산하다	to pay
고르다	to pick / choose
교환하다	to exchange
구경하다	to look around
깎다	to cut down
들다	to carry(a hand bag)
맞다	to fit
메다	to carry(a shoulder bag)
벗다	to take off
사인하다	to sign
쓰다	to put on(a hat)
입다	to put on / wear(clothes)
입어 보다	to try on
환불하다	to refund

형용사	Adjectives
길다	to be long
비싸다	to be expensive
싸다	to be cheap
작다	to be small
짧다	to be short
크다	to be big

쇼핑가다

구경하다

옷을 고르다

옷을 입어 보다

옷값을 깎다

계산하다

영수증에 사인하다

영수증을 받다

교환하다

환불하다

옷을 입다 / 벗다

모자를 쓰다 / 벗다

신발을 신다 / 벗다

가방을 들다 / 메다

값이 싸다 / 비싸다

사이즈가 크다 / 맞다 / 작다

길이가 길다 / 짧다

유용한 표현

그냥 구경할게요.	I'll just look around.
좀 깎아 주세요.	Could you come down a little bit?
입어 봐도 돼요?	Can I try it on?
~ 좀 보여주세요.	Can I have a look at ~? / Can you show me ~?
이걸로 주세요.	I'll take this.

Dialog 대화

이 바지 입어 봐도 돼요?

점원: 어서 오세요. 뭘 찾으세요?

지미: 바지를 사고 싶어요.

점원: 이 바지 어때요?

지미: 이 바지는 색깔이 마음에 안 들어요. 다른 색깔 있어요?

점원: 네. 검은 색이 있어요.

지미: 그것 좀 보여 주세요.

점원: 여기 있어요.

지미: 입어 봐도 돼요?

점원: 그럼요.

〈옷을 갈아입은 후〉

점원: 마음에 들어요?

지미: 네, 마음에 들어요. 이걸로 주세요.

어휘 및 표현

어서	quickly	주다	to give
찾다	to look for	어서 오세요.	Welcome.
바지	pants / trousers	뭘 찾으세요?	What are you looking for?
색깔	color	마음에 들다	to like (literally: to come into one's mind)
마음	mind	그럼요.	Of course.
검은 색	black color		

덤

교환과 환불

보통 백화점에서 쇼핑을 한 후에 교환이나 환불을 하려면 구입한 날부터 7-14일 이내에 해야 합니다. 그리고 교환, 환불을 할 때는 반드시 영수증이 있어야 합니다. 가게마다 교환, 환불 조건이 다르므로, 물건을 살 때는 꼼꼼히 살펴보고 교환, 환불 기간을 확인하는 것이 좋습니다.

Grammar 문법

1. V아/어/여도 돼요?

'–어/아/여도 돼요?' is used by the speaker to ask for permission of the listener regarding the action the speaker is going to take.

If the final vowel of a verb or adjective stem is 'ㅏ or ㅗ', '–아도 돼요?' is used, If the final vowel of a verb or adjective stem is a vowel other than 'ㅏ, ㅗ', '–어도 돼요?' is used. If a verb or adjective ends with '하다', '–여도 돼요?' is used.

ㅗ, ㅏ	가다	가/ + 아도 돼요?	→	가도 돼요?
	보다	보/ + 아도 돼요?	→	봐도 돼요?
	받다	받/ +아도 돼요?	→	받아도 돼요?
ㅗ, ㅏ 제외한 모음 (ㅜ, ㅓ, ㅡ, ㅣ…)	먹다	먹/ +어도 돼요?	→	먹어도 돼요?
	주다	주/ +어도 돼요?	→	줘도 돼요?
	벗다	벗/ +어도 돼요?	→	벗어도 돼요?
'하다' 동사	사용하다	사용하/ + 여도 돼요?	→	사용해도 돼요?
	요리하다	요리하/ + 여도 돼요?	→	요리해도 돼요?
	구경하다	구경하/ +여도 돼요?	→	구경해도 돼요?

The listener may respond with '네, V아/어/여도 돼요.' or '아니요, V(으)면 안 돼요.'

예

- 지미: 선생님, 지금 화장실에 가도 돼요?
  선생님: 네, 가도 돼요.
  아니요, 가면 안 돼요.

- 유진: 여기에서 전화해도 돼요?
  지미: 네, 전화해도 돼요.
  아니요, 전화하면 안 돼요.

- 지미: 해운대에서 수영해도 돼요?
  유진: 네, 수영해도 돼요.

- 유진: 극장에서 사진을 찍어도 돼요?
  선생님: 아니요, 극장에서 사진을 찍으면 안 돼요.

Grammar practice 문법 연습 ⑪

1. 【보기】와 같이 그림에 맞는 표현을 완성하세요.

보기

① 빵을 먹다.

가 : 먹어도 돼요?

나 : 네, 먹어도 돼요.

아니요, 먹으면 안 돼요.

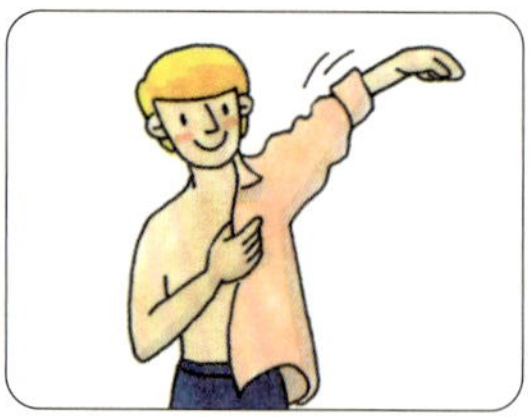

② 옷을 입다.

가 : ____________________

나 : ____________________

____

③ 옷을 벗다.

가 : ____________________

나 : ____________________

____

④ 사진을 보다.

가 : ____________________

나 : ____________________

____

⑤ 물을 마시다.

가 : ____________________

나 : ____________________

____

Vocabulary & Expressions 어휘 & 표현 ⓫

1. 반대말을 연결하세요. 그리고 대화를 완성하세요.

① 맛없다 •	• 크다
② 짧다 •	• 싸다
③ 작다 •	• 맛있다
④ 비싸다 •	• 길다

㉠ 가 : 삼겹살이 맛있어요? 나 : 아니요, 맛없어요.

㉡ 가 : 바지가 짧아요? 나 : 아니요, ______

㉢ 가 : 옷이 커요? 나 : 아니요, ______

㉣ 가 : 모자가 비싸요? 나 : 아니요, ______

2. 【보기】에서 그림에 맞는 표현을 고르세요. 그리고 아래와 같이 활용해 보세요.

보기 • 쇼핑가다 • 구경하다 • 옷값을 깎다

① 쇼핑가다. ⇨ 쇼핑가요.

② ______ ⇨ ______

③ ______ ⇨ ______

Honorifics

제12과 높임말

Picture Dictionary 그림사전

명사 Nouns

나이	age
댁	home(honorific)
밥	rice / meal
생신	birthday(honorific)
생일	birthday
연세	age(honorific)
진지	meal(honorific)
집	home

동사 Verbs

계시다	to be, exist(honorific)
드리다	to give(honorific)
드시다	to eat(honorific)
말씀하시다	to speak(honorific)
잡수시다	to eat(honorific)
주무시다	to sleep(honorific)

형용사 Adjectives

편찮으시다	to be sick(honorific)

나이가 몇 살이에요?

나이

연세가 어떻게 되세요?

연세

밥

진지

집이 어디예요?

집

댁이 어디세요?

댁

생일

생신

먹다

있다

자다

드시다 / 잡수시다

계시다

주무시다

말하다

아프다

주다

말씀하시다

편찮으시다

드리다

Dialog 대화

다음 주 월요일은 어머니 생신이에요.

우리 가족은 아버지, 어머니, 형, 그리고 저 이렇게 모두 4명이에요.
아버지하고 어머니께서는 미국에 계세요.
아버지께서는 회사에 다니세요.
어머니께서는 선생님이세요.
형은 영국에 있어요.
영국에서 대학교에 다녀요.
다음 주 월요일은 어머니 생신이에요.
저는 어머니께 선물을 드리고 싶어요.
인삼을 살 거예요.

어휘 및 표현

가족	family	**영국**	England
어머니	mother	**생신**	birthday(honorific)
아버지	father	**선물**	present
형	older brother (for a man)	**드리다**	to give(honorific)
이렇게	like this	**인삼**	Korean ginseng
모두	all together	**N에 다니다**	to attend N
회사	company		

덤

반말

한국어에는 웃어른에게 사용하는 높임말도 있지만, 아주 친한 친구에게 사용하는 반말도 있습니다. 예를 들어, 나이가 같은 친한 친구에게는 "어디에 가요?" 대신 "어디에 가?", "많이 드세요." 대신 "많이 먹어.", "집에 갑시다." 대신 "집에 가자." 등 반말을 사용할 수 있습니다.
이름을 부를 때도 "OO 씨!"가 아니라 "OO아!" 또는 "OO야!"로 불러야 합니다.

Grammar 문법

1. N께서 V · A(으)세요 / N께서 V · A(으)십니다

'–께서 –(으)세요' is the honorific form of '–이/가 –아/어/여요'.
If the subject of a sentence is a person who must be honored, the subject marker'께서' is used instead of the normal subject marker '–이/가' and '–(으)세요' replaces '아/어/여요'. '–(으)세요' is an informal polite style and '(으)십니다' is a formal polite style. However, '있다, 먹다, 자다' have special honorific forms '계시다, 드시다/잡수시다, 주무시다'.

동사	비격식체 높임말	격식체 높임말
읽다	읽으세요	읽으십니다
보다	보세요	보십니다
크다	크세요	크십니다
※있다	계세요	계십니다
※먹다	드세요 / 잡수세요	드십니다 / 잡수십니다
※자다	수부세요	주무십니다

예
- 아버지께서 신문을 읽으세요 / 읽으십니다.
- 어머니께서 텔레비전을 보세요 / 보십니다.
- 선생님께서 키가 크세요 / 크십니다.
- 할아버지께서 방에서 주무세요 / 주무십니다.

2. 명사 높임말

The following nouns have special honorific forms.

명사	높임말
집	댁
밥	진지
생일	생신
나이	연세

예
- 선생님께서 댁에 안 계세요.
- 아버지께서 진지를 드세요.
- 할머니께서 연세가 많으세요.

Grammar practice 문법 연습 ⑫

1. 알맞은 말을 고르세요.

① 할아버지께서 병원에 (가요. / 가세요.)

② 친구는 학교에서 한국어를 (공부해요. / 공부하세요.)

③ 동생은 책을 (읽어요. / 읽으세요.)

④ 아버지께서 회사에 (다녀요. / 다니세요.)

⑤ 어머니께서 텔레비전을 (봐요. / 보세요.)

2. 알맞은 말을 쓰세요.

	현재 : ~(으)세요	과거 : ~(으)셨어요
가다	가세요	가셨어요
오다		
읽다		
앉다		
공부하다		

Vocabulary & Expressions 어휘 & 표현 ⑫

1. 【보기】에서 단어를 연결하고 쓰세요.

보기

먹다	말하다	주다
있다	편찮으시다	드리다
주무시다	드시다	계시다
말씀하시다	자다	아프다

① 먹다 / 드시다

② ____________

③ ____________

④ ____________

⑤ ____________

⑥ ____________

2. 【보기】에서 단어를 연결하고 쓰세요.

보기

나이	밥
집	연세
진지	생신
생일	댁

① 나이 / 연세

② ____________

③ ____________

④ ____________

신나라

부경 한국어

양치기 소년과 늑대
The Shepherd Boy and the Wolf

The Shepherd Boy and the Wolf

양치기 소년과 늑대

A young shepherd boy watched over his sheep every day while they ate grass. He passed the time by seeing how far he could throw a rock or by looking at the clouds to see how many animals shapes he could find.

양치기 소년은 매일 양들이 풀을 뜯고 있는 동안 양을 지켜봤습니다. 소년은 돌을 던져 돌이 얼마나 멀리 가는지 보거나 하늘에 떠 있는 동물 모양 구름을 찾으며 시간을 보내곤 했습니다.

He liked his job well enough, but he longed for a little excitement. So one day he decided to play a trick on the people of the village. "Wolf! Help!" he shouted as loud as he could.

그는 양치는 일을 좋아했지만 뭔가 더 신나는 일이 없을까 생각했습니다. 그래서 하루는 마을 사람들에게 속임수를 쓰기로 결심했습니다. 그는 마을 사람들이 들을 수 있게 큰 소리로 "늑대가 나타났어요! 도와 주세요!" 라고 외쳤습니다.

Hearing the shepherd boy's cry, the people in the village picked up pitchforks and clubs and ran to help the boy save his sheep. When they arrived, they saw no wolf. They saw only the shepherd boy, doubled up with laughter.

마을 사람들은 양치기 소년의 소리를 듣고, 갈퀴와 몽둥이를 들고 소년과 양을 구하기 위해 달려 왔습니다. 하지만 그들이 도착했을 때 늑대는 어디에도 없었습니다.

"I fooled you, I fooled you." he giggled.

양치기 소년은 마을 사람들을 보며 "다들 속았어." 라고 킥킥댔습니다.

The next week, the boy again played his trick on the villagers.

"Wolf! Wolf!" he cried out.

한 주가 지나고 양치기 소년은 똑같은 장난을 쳤습니다.
"늑대예요! 늑대가 나타났어요!"

Once again, the people ran to his aid, and once again, they found no wolf - only the boy, laughing at them.

이번에도 마을 사람들은 소년을 돕기 위해 달려왔습니다. 하지만 지난번과 마찬가지로 늑대는 없고 소년이 마을 사람들을 보며 킬킬대고 있었습니다.

The next day, a wolf really did come down from the hills to help itself to a few fat sheep. "Wolf! Wolf!" yelled the shepherd boy with all the power in his lung.

그리고 그 다음날, 정말로 늑대가 양을 잡아먹으려고 나타났습니다. 소년은 있는 힘껏 "늑대가 나타났어요! 도와주세요!" 라고 외쳤습니다.

The people of the village heard his shouts for help and smiled. "He's trying to trick us again," -they said, "but this time we won't be fooled."

마을 사람들은 모두 소년의 외침을 들었습니다. 하지만 "이번에도 우리를 속이려고 장난을 치는 게 틀림없어. 이번에는 속지 않을 거야." 라고 코웃음을 쳤습니다.

Finally, the boy stopped shouting, He knew the villagers didn't believe him, He knew they wouldn't come. All he could do was stand back and watch the wolf kill his sheep.

아무리 기다려도 마을 사람은 소년을 도와주러 오지 않았습니다. 소년은 이제야 마을 사람들이 자신의 말을 더 이상 믿지 않는다는 것을 깨달았습니다. 결국 소년은 늑대가 자신의 양을 다 잡아 먹는 것을 지켜볼 수밖에 없었습니다.

신나라

부경 한국어

연습문제_정답
Exercise_Answer

연습문제 정답 Exercise_Answer

1과

문법연습

1. ① 이것은 사진이에요 ② 이것은 지도예요
   ③ 이 사람은 회사원이에요 ④ 이 사람은 의사예요

2. ① 그것은 책상이 아니에요
   ② 그것은 의자가 아니에요
   ③ 그 사람은 학생이 아니에요
   ④ 그 사람은 친구가 아니에요

3. ① 의사가 아니에요. 학생이에요
   ② 선생님이 아니에요. 가수예요

어휘 & 표현

1. ② 지도 ③ 여권 ④ 책

2. ① 이름이 뭐예요? ② 어디에서 왔어요?
   ③ 어디에 살아요? ④ 만나서 반가워요.

2과

문법연습

1. ② 가 ③ 를 ④ 은 ⑤ 을

2. ② 저것이 ③ 이것이 ④ 그것이

어휘 & 표현

1. ② 책(X) ③ 휴대폰(O) ④ 전자사전(O)
   ⑤ 교통카드(X) ⑥ 창문(O) ⑦ 휴지(X) ⑧ 문(O)

2. ① 손 ② 입 ③ 눈 ④ 팔꿈치 ⑤ 다리

3. ① 어디 ② 뭐

3과

문법연습

1. ② 수강 신청을 해요. ③ 도서관에 와요.
   ④ 저는 학생이에요. ⑤ 이것은 책이 아니에요.

2. ② 공부 안 해요. 밥을 먹어요.
   ③ 입학 안 해요. 졸업해요.
   ④ 숙제를 안 내요. 성적표를 받아요.

어휘 & 표현

1. ① 입학을 – 하다 ② 학비를 – 내다
   ③ 시험을 – 보다 ④ 동아리에 – 들다

2. ② 학교 ③ 사무실 ④ 식당 ⑤ 은행 ⑥ 교실

4과

문법연습

1. ② 한 병 ③ 네 잔 ④ 열 개
   ⑤ 다섯 마리 ⑥ 여덟 대

2. ② 시, 이십칠 ③ 백팔십 ④ 칠십

3. ② 서른 ③ 열다섯 ④ 여섯

어휘 & 표현

1. ② 이천구년 유월 육일이에요
   ③ 이천육년 십이월 십사일이에요
   ④ 이천십년 시월 십일이에요

2. ① 유월, 구월, 시월 ② 둘, 셋, 여섯, 여덟

3. ① 몇 월 며칠이에요? ② 언제예요?
   ③ 무엇을 해요?

5과

문법연습

1. ② 공부했어요 ③ 마셨어요 ④ 배웠어요
   ⑤ 먹었어요 ⑥ 웃었어요

2. ② 친구를 만났어요 ③ 인터넷을 했어요

어휘 & 표현

1. ② 세수를 하다 ③ 샤워를 하다
   ④ 인터넷을 하다 ⑤ 친구를 만나다 ⑥ 이를 닦다

2. ② 1일부터 4일까지 비가 왔어요
   ③ 아침부터 밤까지 공부를 했어요

6과

문법연습

1. ② 기다리세요 ③ 타세요 ④ 앉으세요 ⑤ 잡으세요

2. ② 기다리지 마세요 ③ 타지 마세요
   ④ 앉지 마세요 ⑤ 잡지 마세요

3. ② 읽으세요
   ④ 영어로 말하지 마세요 ⑤ 책을 보지 마세요

어휘 & 표현

1. ② 줄을 서다 ③ 버스를 타다
   ④ 버스에서 내리다 ⑤ 벨을 누르다

연습문제 정답 Exercise_Answer

7과

문법연습

1. ② 만날까요? ③ 먹을까요? ④ 볼까요? ⑤ 읽을까요?

2. ② 만납시다 ③ 먹읍시다 ④ 봅시다 ⑤ 읽읍시다

3. ② 공부할까요? ③ 의자에 앉을까요?

어휘 & 표현

1. ① 거기 지미 씨 집이지요? ② 지미 씨 좀 바꿔 주세요.
   ③ 다시 전화할게요.

2. ② 울리다 ③ 누르다

8과

문법연습

1. ② 읽었어요, 읽을 거예요 ③ 했어요, 할 거예요
   ④ 먹었어요, 먹을 거예요
   ⑤ 입었어요, 입을 거예요 ⑥ 샀어요, 살 거예요

2. ② 도요일에 찜질방에 안 갈 거예요
   ③ 일요일에 등산을 안 할 거예요
   ④ 수요일에 청소를 안 할 거예요

어휘 & 표현

1. ① 오, 팔, 구 ② 어제, 오늘 ③ 셋, 넷, 일곱, 여덟
   ④ 수요일, 금요일, 토요일

2. ② 사진을 찍을 거예요 ③ 빨래를 할 거예요
   ④ 여행을 갈 거예요

9과

문법연습

1. ② 지미 씨는 미국 사람이고 유진 씨는 한국 사람이에요
   ③ 피가 나고 멍이 들었어요
   ④ 지미 씨는 춤을 추고 유진 씨는 노래를 불러요

2. ② 듣고 점심을 먹어요
   ③ 점심을 먹고 도서관에서 책을 읽어요
   ④ 집에 돌아가요

어휘 & 표현

1. ② - ㅁ ③ - ㄱ ④ - ㄷ ⑤ - ㄹ

2. ② 나다 ③ 나다 ④ 나다

10과

문법연습

1. ② 밥을 먹고 싶어요 ③ 선물을 받고 싶어요

2. ② 책을 읽고 싶어요 ③ 버스에서 내리고 싶어요
   ④ 자리에 앉고 싶어요 ⑤ 운동을 하고 싶어요

어휘 & 표현

1. ② - ㅁ ③ - ㄹ ④ - ㄷ ⑤ - ㄱ

2. ② 젓가락하고 숟가락이 있어요
   ③ 그릇하고 접시가 있어요

11과

문법연습

1. ② 옷을 입어도 돼요? 네, 입어도 돼요. 아니요, 입으면 안 돼요.
   ③ 옷을 벗어도 돼요? 네, 벗어도 돼요. 아니요, 벗으면 안 돼요.
   ④ 사진을 봐도 돼요? 네, 봐도 돼요. 아니요, 보면 안 돼요.
   ⑤ 물을 마셔도 돼요? 네, 마셔도 돼요. 아니요, 마시면 안 돼요.

어휘 & 표현

1. 짧다 – 길다, 작다 – 크다, 비싸다 – 싸다
   ② 길어요 ③ 작아요 ④ 싸요

2. ② 옷값을 깍다 →옷값을 깍아요
   ③ 구경하다 → 구경해요

12과

문법연습

1. ① 가세요 ② 공부해요 ③ 읽어요
   ④ 다니세요 ⑤ 보세요

2. ② 오세요, 오셨어요 ③ 읽으세요, 읽으셨어요
   ④ 앉으세요, 앉으셨어요
   ⑤ 공부하세요, 공부하셨어요

어휘 & 표현

1. ② 말하다 / 말씀하시다 ③ 주다 / 드리다
   ④ 있다 / 계시다 ⑤ 아프다 / 편찮으시다
   ⑥ 자다 / 주무시다

2. ② 밥 / 진지 ③ 집 / 댁 ④ 생일 / 생신

신나라 부경한국어 | English

발행일 | 2011년 2월 10일
지은이 | 채영희
삽 화 | 김민표 (하늘디자인 · 기획)
발행처 | 부경대학교 출판부

디자인 · 제작 | 하늘디자인 · 기획 051)611-3969

인 쇄 | 우성정판인쇄소
제 본 | 선우제본

가 격 | 14,000원